Brüder Grimm · Hans Christian Andersen
Wilhelm Hauff · Charles Perrault

Mein
Märchenschatz

Bearbeitet und herausgegeben von Gerlinde Wiencirz
Mit Bildern von Ludvik Glazer-Naudé

arsEdition

Inhaltsverzeichnis

Die Prinzessin auf der Erbse

Hans Christian Andersen

Es war einmal ein Prinz, der wollte eine Prinzessin heiraten. Es sollte aber eine richtige Prinzessin sein. So reiste er um die ganze Welt, um eine solche zu finden, aber immer kamen ihm Bedenken. Schöne Prinzessinnen gab es ja genug, aber ob es auch wirklich Prinzessinnen waren, das konnte er nicht mit Sicherheit feststellen. Immer war da etwas, was nicht ganz stimmte. So kam er schließlich traurig wieder nach Hause, denn er wollte doch so gern eine echte Prinzessin heiraten.

Eines Abends kam ein böses Unwetter auf; es blitzte und donnerte und der Regen rauschte herab. Da klopfte es an das Tor des Schlosses, und der alte König ging hin, um aufzumachen. Draußen stand eine Prinzessin. Aber wie sah sie aus! Das Wasser lief ihr an Haaren und Kleidern herunter, es lief in die Schuhspitzen hinein und an den Absätzen wieder hinaus. Doch sie sagte, sie sei eine richtige Prinzessin! »Das werden wir schon noch herausfinden«, dachte sich die alte Königin. Sie ging ins Schlafzimmer, nahm das Bettzeug aus dem Bett und legte eine Erbse auf den Boden des Bettgestells. Dann nahm sie zwanzig Matratzen und legte sie auf die Erbse, und auf die zwanzig Matratzen kamen noch einmal zwanzig Daunenbetten. Hier sollte die Prinzessin in der Nacht schlafen.

Am nächsten Morgen fragte man sie, wie sie geschlafen hätte. »Oh, furchtbar schlecht!«, sagte die Prinzessin. »Ich habe fast die ganze Nacht kein Auge zugemacht! Weiß Gott, was in meinem Bett gewesen ist! Ich habe auf etwas Hartem gelegen, und jetzt habe ich am ganzen Körper blaue Flecken!« Da wussten alle, dass sie eine richtige Prinzessin war, hatte sie doch durch zwanzig Matratzen und Daunenbetten die Erbse gefühlt. Der Prinz nahm sie zur Frau, denn nun wusste er, dass er eine wirkliche Prinzessin hatte. Und die Erbse kam in die Kunstkammer, wo sie noch zu sehen ist, wenn sie niemand weggenommen hat. Seht, das war eine wirkliche Geschichte.

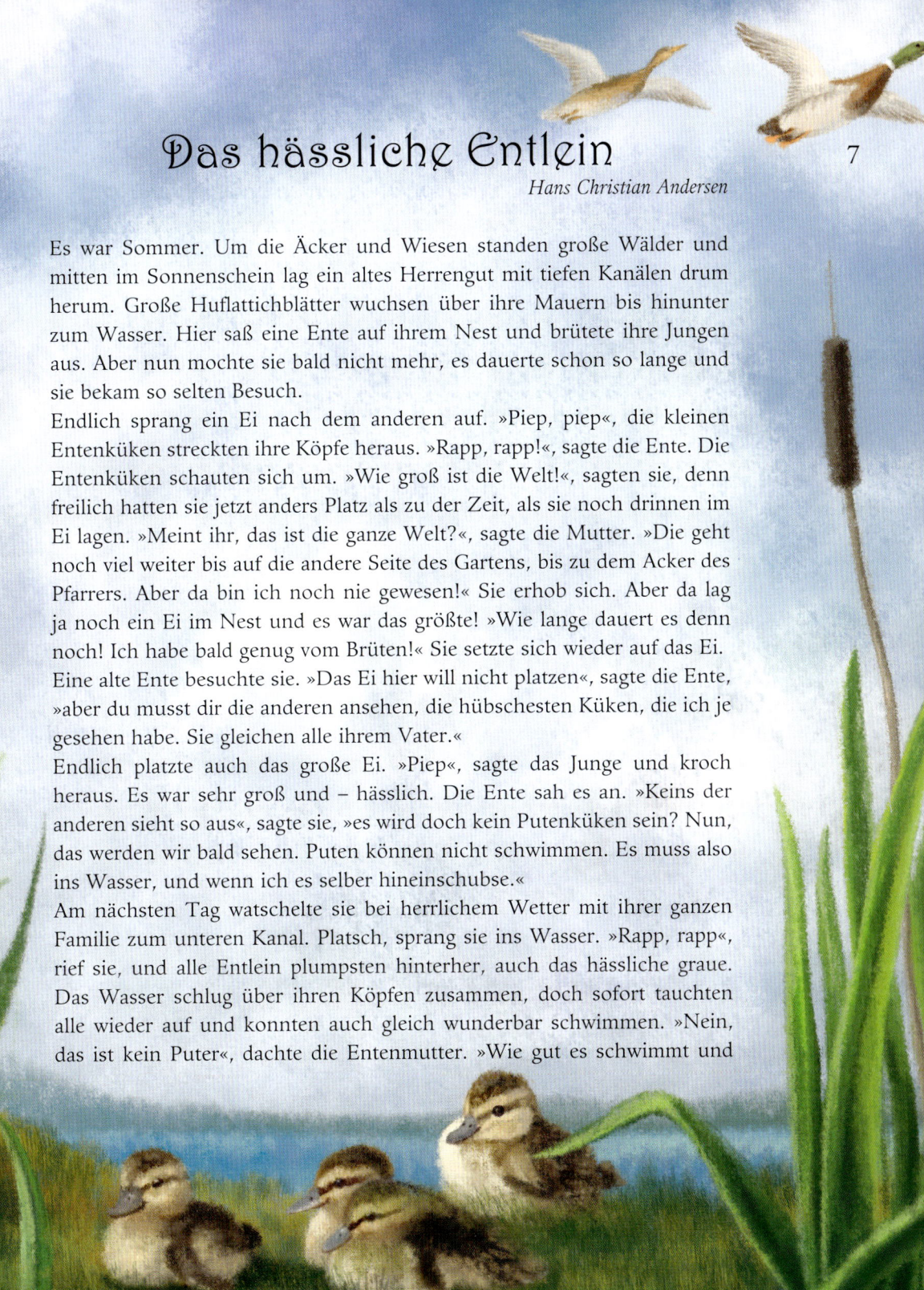

Das hässliche Entlein

Hans Christian Andersen

Es war Sommer. Um die Äcker und Wiesen standen große Wälder und mitten im Sonnenschein lag ein altes Herrengut mit tiefen Kanälen drum herum. Große Huflattichblätter wuchsen über ihre Mauern bis hinunter zum Wasser. Hier saß eine Ente auf ihrem Nest und brütete ihre Jungen aus. Aber nun mochte sie bald nicht mehr, es dauerte schon so lange und sie bekam so selten Besuch.

Endlich sprang ein Ei nach dem anderen auf. »Piep, piep«, die kleinen Entenküken streckten ihre Köpfe heraus. »Rapp, rapp!«, sagte die Ente. Die Entenküken schauten sich um. »Wie groß ist die Welt!«, sagten sie, denn freilich hatten sie jetzt anders Platz als zu der Zeit, als sie noch drinnen im Ei lagen. »Meint ihr, das ist die ganze Welt?«, sagte die Mutter. »Die geht noch viel weiter bis auf die andere Seite des Gartens, bis zu dem Acker des Pfarrers. Aber da bin ich noch nie gewesen!« Sie erhob sich. Aber da lag ja noch ein Ei im Nest und es war das größte! »Wie lange dauert es denn noch! Ich habe bald genug vom Brüten!« Sie setzte sich wieder auf das Ei. Eine alte Ente besuchte sie. »Das Ei hier will nicht platzen«, sagte die Ente, »aber du musst dir die anderen ansehen, die hübschesten Küken, die ich je gesehen habe. Sie gleichen alle ihrem Vater.«

Endlich platzte auch das große Ei. »Piep«, sagte das Junge und kroch heraus. Es war sehr groß und – hässlich. Die Ente sah es an. »Keins der anderen sieht so aus«, sagte sie, »es wird doch kein Putenküken sein? Nun, das werden wir bald sehen. Puten können nicht schwimmen. Es muss also ins Wasser, und wenn ich es selber hineinschubse.«

Am nächsten Tag watschelte sie bei herrlichem Wetter mit ihrer ganzen Familie zum unteren Kanal. Platsch, sprang sie ins Wasser. »Rapp, rapp«, rief sie, und alle Entlein plumpsten hinterher, auch das hässliche graue. Das Wasser schlug über ihren Köpfen zusammen, doch sofort tauchten alle wieder auf und konnten auch gleich wunderbar schwimmen. »Nein, das ist kein Puter«, dachte die Entenmutter. »Wie gut es schwimmt und wie gerade es sich hält! Das ist mein Kind!«, und zu ihren Kindern sagte sie: »Rapp, rapp! Kommt mit, ich stelle euch den anderen Enten vor.« So kamen sie zum Entenhof. »Neigt euren Hals vor der alten Ente dort drüben, sie ist die vornehmste von allen. – Nicht die Füße nach innen setzen! Setzt sie schön nach außen! Schaut, so! Und nun knickst und sagt: Rapp!« Die anderen Enten betrachteten die Ankömmlinge und sagten: »Ach herrje! Nun kommen die da auch noch zu uns! Als wären wir nicht schon genug! Und wie hässlich das eine ist! Das wollen wir hier nicht haben.« Eine Ente flog sogleich zu ihm und zwickte es ins Genick.

»Lass das!«, sagte die Mutter, »es tut ja niemandem etwas!«

»Hübsche Kinder«, sagte die alte Ente, »nur das eine ist ihr nicht geraten!«

»Es ist nicht schön, Euer Gnaden«, sagte die Entenmutter, »aber es ist lieb und schwimmt so gut wie jedes andere. Ich denke, es wird mit der Zeit schön werden. Wahrscheinlich hat es zu lange im Ei gelegen.« Sie zupfte ihm die Federn glatt und sagte: »Außerdem ist es ein Erpel, ein Junge, dann ist es ja nicht so schlimm. Er wird sich schon durchschlagen.«

»Die anderen Entlein sind niedlich«, sagte die alte Ente. »Nun tut, als ob ihr zu Hause wärt.« Und dann fühlten sie sich auch wie zu Hause. Nur das hässliche Küken, das zuletzt aus dem Ei gekrochen war, wurde von den anderen gebissen, gestoßen und gehänselt. »Er ist zu groß für ein Entenküken«, sagten alle. Der Truthahn, der meinte, er sei der Kaiser, blähte sich auf und kollerte, bis er einen roten Kopf bekam. Das arme Entlein wusste nicht, wo es gehen oder stehen durfte, und es war traurig, weil es so hässlich war und alle über es lachten.

So verging der erste Tag und in den nächsten wurde es noch schlimmer. Sogar seine Geschwister waren gemein und sagten: »Wenn nur die Katze dich fangen würde, du altes Scheusal.« Und die Mutter seufzte: »Wärst du nur weit weg!« Die anderen Enten bissen es, die Hühner hackten nach ihm, und die Magd stieß mit dem Fuß nach ihm, wenn sie das Futter brachte. Da lief das Entlein weg, es flog über den Zaun und lief und lief. So kam es zu dem Sumpf, wo die Wildenten lebten, dort schlief es müde und traurig ein.

Frühmorgens kamen die Wildenten und sahen sich den neuen Gefährten an. »Pfui, was bist du hässlich«, sagten sie. »Aber das ist uns egal, solange du nicht eine von uns heiraten willst.« Ans Heiraten dachte das Entlein nun wirklich nicht. Es war froh, dass es im Schilf bleiben und ein bisschen von dem Moorwasser trinken durfte.

Am dritten Tag kamen zwei junge Wildgänse vorbei, zwei richtig rüpelhafte Wildganter. »He!«, sagten sie, »du schaust aber hässlich aus. Du gefällst uns. Komm mit uns und werde Zugvogel. Wir gehen ein bisschen die süßen kleinen Gänschen im Moor nebenan ärgern.« – Piff! Paff!, knallte es plötzlich, und die beiden Ganter fielen tot um. Piff! Paff!, ganze Scharen von Wildgänsen flogen auf und wieder knallte es. Jäger hatten sich rings ums Moor versteckt und machten Jagd auf sie. Dann kamen die Jagdhunde. Klitsch, klatsch, hechelten sie durch den Schlamm. Vor Schreck wollte das arme Entchen seinen Kopf unter die Flügel stecken, als da ein furchterregend großer Jagdhund vor ihm stand. Seine Augen blitzten, seine offene Schnauze mit den scharfen Zähnen kam auf das Entchen zu und – platsch!, drehte er um und ging, ohne es zu packen. »Oh, Gott sei Dank«, seufzte das Entenküken, »ich bin so hässlich, dass nicht einmal der Hund mich beißen mag!« Dann blieb es still liegen, während die Jagd weiterging.

Erst lange nachdem die Jagd vorbei war, wagte es aufzustehen. Dann rannte es aus dem Moor, rannte über Felder und Wiesen gegen den Wind an, bis es am Abend an ein ärmliches Bauernhaus kam. Da sah es, dass der Wind die Tür einen Spalt aufgestoßen hatte, und es schlüpfte hinein. Hier lebte eine alte Frau mit ihrer Katze und ihrem Huhn. Die Katze nannte sie Söhneken. Sie konnte einen Buckel machen, und wenn man ihr Fell gegen den Strich streichelte, knisterte es. Das Huhn hatte kleine, kurze Beine und wurde Kurzbein genannt. Es legte fleißig Eier und die Frau liebte es.

»Was ist denn das?«, sagte die Frau, als sie das Entlein entdeckte, und weil sie nicht gut sah, dachte sie, das Entlein sei eine fette Ente. »Wie schön«, sagte sie, »jetzt bekomme ich Enteneier. Hauptsache, es ist kein Enterich. Das wollen wir doch ausprobieren.«

Drei lange Wochen durfte das Entenjunge bleiben, aber Eier kamen nicht. Der Kater führte sich auf, als wäre er der Herr im Haus, und das Huhn fand sich auch sehr wichtig. Dauernd sagten die beiden: »Wir und die Welt«, als wären sie der beste Teil davon. Das Entlein war zwar anderer Meinung, aber das ließ die Henne nicht gelten. »Kannst du Eier legen?«, fragte sie. – »Nein!« – »Dann halt deinen Mund!« Und der Kater sagte: »Kannst du einen Buckel machen oder schnurren?« – »Nein!« – »Dann halt den Mund, wenn vernünftige Leute reden.« Das Entlein saß in der Ecke und ärgerte sich. Es dachte an die frische Luft, an den Sonnenschein und bekam Lust, mal wieder zu schwimmen. Schließlich erzählte es der Henne davon.

»Was fällt dir denn ein?«, sagte sie. »Du hast nichts zu tun, da kommst du auf dumme Gedanken. Leg Eier oder schnurre, dann geht das vorbei. Frag mal den Kater, ob er gern ins Wasser geht. Von mir ganz zu schweigen. Und die alte Frau, die klüger ist als alle auf der Welt, möchte sicher auch nicht im Wasser untertauchen.«

»Ach, ihr versteht mich nicht«, sagte das Entenjunge.

»Ja, willst du klüger sein als wir? Sei froh für all das, was man für dich getan hat. Du sitzt in einer warmen Stube, hast Gesellschaft, von der du etwas lernen kannst, aber du faselst nur rum. Es macht keinen Spaß mit dir. Ich meine es gut, ich sag dir auch unangenehme Dinge, wie ein richtiger Freund. Sieh zu, dass du das Eierlegen und Schnurren lernst.« Doch das Entenjunge ließ sich nicht abhalten. Es ging fort und schwamm auf dem Wasser und tauchte unter, aber die anderen Tiere übersahen es einfach, weil es so hässlich war.

Der Herbst kam, die Blätter wurden gelb, und die Wolken brachten Hagel und Schnee, die Kälte ließ einen frösteln – das arme Entenjunge hatte es wahrhaftig nicht gut.

Eines Abends sah es einen Schwarm wunderschöner großer Vögel. Sie hatten weißes, glänzendes Gefieder und lange, biegsame Hälse. Es waren Schwäne. Noch nie hatte das Entenküken so schöne Vögel gesehen. Sie schrien seltsame Laute, breiteten ihre prächtigen Flügel aus und flogen auf. Sie flogen in wärmere Gegenden. Dem hässlichen kleinen Entlein wurde ganz wunderlich. Es streckte seinen Hals nach ihnen und stieß dabei einen so rauen, seltsamen Schrei aus, dass ihm selber bange wurde. Was für wunderschöne Vögel! Es wusste zwar nicht, wie die Vögel hießen oder wohin sie flogen, aber es hatte sie gleich so lieb wie niemanden sonst. Und es war auch nicht neidisch, denn es kam ihm nicht einmal in den Sinn, sich ihre Schönheit zu wünschen! Es wäre ja schon froh gewesen, wenn nur die Enten es unter sich geduldet hätten.

Der Winter wurde kalt, richtig kalt. Das Wasser gefror, und das Loch, in dem das Entenjunge schwamm, wurde kleiner und kleiner. Es schwamm unermüdlich herum, um das Zufrieren zu verhindern, doch mit jeder kalten Nacht wurde das Loch enger. Schließlich war es zu erschöpft, es lag ganz still da und fror im Eis fest.

Ein Bauer kam vorbei. Er sah das Entchen und brachte es nach Hause. Dort schöpfte es wieder Kraft. Die Kinder wollten mit ihm spielen, doch es fürchtete sich, rannte davon und landete mitten in der Milchschüssel. Die Milch spritzte herum und die Frau schrie auf. Da flog es vor Schreck auf das Regal, wo die Butter stand, und von hier in die Tonne mit Mehl und wieder heraus. Wie sah es jetzt aus! Die Frau schlug mit dem Kochlöffel nach ihm, die Kinder lachten und wollten es fangen! Zum Glück stand die Tür offen, es floh hinaus und versteckte sich zwischen den Sträuchern im frischen Schnee – da lag es dann wie tot.

Wie viel Not und Elend musste es in diesem harten Winter durchmachen! Völlig erschöpft lag das Entenjunge zwischen dem Schilf, als die Sonne wieder wärmer wurde. Die Lerchen sangen, es war ein herrlicher Frühlingstag. Da hob es seine Schwingen. Sie waren kräftiger als letztes Jahr und rauschten beim Fliegen und trugen es in einen großen Garten, wo die Apfelbäume blühten und der Flieder duftete. Wie schön war es hier!

Und direkt vor ihm kamen drei herrlich weiße Schwäne den Kanal entlanggeschwommen. Das Entenjunge wurde seltsam traurig. »Ich möchte zu ihnen, zu diesen königlichen Vögeln. Aber sie werden mich totbeißen, so hässlich wie ich bin. Das ist mir jetzt egal! Lieber von ihnen getötet, als von den Enten gezwickt, von den Hühnern gehackt, von der Magd gestoßen zu

werden und im Winter wieder so frieren zu müssen.« Es schwamm zu den prächtigen Schwänen hin. Diese sahen es und rauschten ihm mit aufgestelltem Gefieder entgegen.

»Tötet mich nur!«, rief das arme Tier, neigte seinen Kopf zum Wasser und wartete auf den Tod. Doch was spiegelte sich in dem klaren Wasser? Sein eigenes Spiegelbild. Aber das war kein garstiger schwarzgrauer Vogel, das war ein Schwan! Ein schöner, weißer Schwan!

Es macht nichts, wenn man auf einem Entenhof zur Welt kommt, Hauptsache, man hat in einem Schwanenei gelegen.

Nach all der Not und Pein konnte der junge Schwan sein Glück so recht genießen und sich an seiner Schönheit freuen. Und die großen Schwäne schwammen um ihn herum und streichelten ihn mit ihren Schnäbeln.

Kinder kamen in den Garten gelaufen, sie hatten Brot mitgebracht und warfen es ins Wasser. »Da ist ein neuer!«, rief eins, und da klatschten die anderen in die Hände und freuten sich. Sie holten die Eltern, und alle sagten: »Das ist der schönste, so jung und so majestätisch!« Und die anderen Schwäne verneigten sich vor ihm. Vor Verlegenheit steckte er den Kopf unter die Flügel, warum, wusste er selbst nicht. Er war so glücklich, aber er war nicht stolz, denn ein gutes Herz wird niemals stolz. Er dachte daran, wie er verhöhnt worden war, und nun sollte er der schönste der schönen Vögel sein. Da brauste sein Gefieder, sein schlanker Hals reckte sich und er jubelte auf: »So viel Glück habe ich mir nicht träumen lassen, als ich noch das hässliche Entlein war.«

Dornröschen

Brüder Grimm

Vor langer Zeit lebten einmal ein König und eine Königin, die wünschten sich nichts sehnlicher als ein Kind. Jeden Tag seufzten sie: »Ach, wenn wir doch ein Kind hätten!«, aber sie bekamen keins. Doch eines Tages, als die Königin im Bad saß, hüpfte ein Frosch herbei und sprach: »Dein Wunsch wird erfüllt werden.« Und so geschah es; noch ehe ein Jahr herum war, brachte die Königin ein Mädchen zur Welt. Das war so schön, dass der König überglücklich vor Freude ein großes Fest ausrichten ließ. Er lud nicht nur alle Freunde, Verwandte und Bekannte ein, es sollten dazu auch die weisen Frauen kommen, damit sie sein Kind lieb gewännen und es beschützten. Nun gab es in seinem Reich dreizehn weise Frauen, aber er hatte nur zwölf goldene Teller. So schickte er auch nur zwölf Einladungen heraus. Eine der weisen Frauen musste daheimbleiben.

Das Fest wurde mit aller Pracht gefeiert. Als es zu Ende ging, beschenkten die weisen Frauen das Kind mit ihren Wundergaben: die eine mit Tugend, die andere mit Schönheit, die dritte mit Reichtum, und so ging es fort mit allem, was man sich auf der Welt nur wünschen kann. Kaum hatten elf der Frauen ihre Wünsche ausgesprochen, als die Tür aufging und die dreizehnte hereintrat. Sie war zornig, weil sie nicht eingeladen worden war, und wollte sich jetzt rächen. Ohne zu grüßen, rief sie in den Saal: »Die Königstochter soll sich, wenn sie fünfzehn ist, an einer Spindel stechen und tot umfallen!« Dann drehte sie sich um und verließ den Saal. Alle blickten sich erschrocken an. Da trat die zwölfte hervor, ihr Wunsch war ja noch offen. Weil sie aber den bösen Spruch nicht aufheben konnte, sondern nur abmildern, sagte sie: »Die Königstochter soll nicht sterben, sondern in einen hundertjährigen tiefen Schlaf fallen.«

Der König wollte sein liebes Kind vor dem Unglück bewahren und befahl, alle Spindeln in seinem Reich zu verbrennen. Das Mädchen wuchs heran und die Wünsche der weisen Frauen gingen in Erfüllung. Es war so freundlich, sittsam und fröhlich, dass es alle, die es ansahen, lieb hatten.

Als sein fünfzehnter Geburtstag kam, mussten der König und die Königin verreisen und es war allein zu Hause. Um sich die Zeit zu vertreiben, ging es umher und schaute in alle Stuben und Kammern. Endlich kam es an einen alten Turm. Es stieg die enge Wendeltreppe hoch und stand bald vor einer kleinen Tür. Drinnen im Stübchen saß eine alte Frau, die hielt eine Spindel in der Hand und spann emsig ihren Flachs.

»Guten Tag, liebes Mütterchen, was machst du da?«, fragte die Königstochter. »Ich spinne«, sagte die Alte freundlich. »Und was ist das für ein Ding, das da so lustig herumspringt?«, fragte das Mädchen wieder und griff nach der Spindel. Aber kaum hatte es die Spindel berührt, so ging der böse Zauberspruch in Erfüllung: Es stach sich in den Finger, fiel auf das Bett und war im selben Augenblick fest eingeschlafen.

Dieser Schlaf verbreitete sich über das ganze Schloss. Der König und die Königin, die eben heimgekommen waren, schliefen ein und mit ihnen alle Diener und Zofen. Da schliefen im Stall die Pferde und im Hof die Hunde, die Tauben auf dem Dach schliefen und die Fliegen an der Wand. Dem Koch, der den Küchenjungen an den Haaren ziehen wollte, weil der vergessen hatte, Holz in den Ofen zu schieben, blieb die Hand mitten in der Bewegung stehen. Auch er schlief ein und mit ihm der Küchenjunge, der sich gerade ducken wollte. Der Wind legte sich und an den Bäumen vor dem Schloss regte sich kein Blättchen mehr. So lag alles im tiefen Schlaf.

Mit der Zeit wuchs eine Dornenhecke um das verschlafene Schloss, und allmählich war es nicht mehr zu sehen, selbst die Fahne auf dem Dach nicht. Auch konnte man sich mit der Zeit nicht mehr so recht an den König und die Königin erinnern, aber die Leute erzählten sich die Sage von einer schlafenden Prinzessin und nannten sie Dornröschen.

Ab und an kamen Prinzen und wollten durch die Hecke dringen. Doch keine Axt konnte das Dickicht teilen. Die Dornen zerkratzten ihnen Hände und Gesichter, und so mussten sie erfolglos wieder umkehren und bald wagte sich keiner mehr daran.

Nach langen, langen Jahren kam wieder einmal ein Königssohn vorbei und hörte von dem Schloss, das hinter der großen Hecke stehen sollte, und von der wunderschönen Königstochter, die wohl schon seit hundert Jahren darin schliefe. Ein alter Mann erzählte etwas von einem schlafenden Hofstaat und von mutigen Prinzen, die jämmerlich an den Dornen gescheitert waren. Da sprach der Königssohn: »Ich fürchte mich nicht. Ich will es versuchen und das schöne Dornröschen sehen.«

Nun waren aber gerade die hundert Jahre um und der Tag der Erlösung war da. Wie staunte der Prinz, als er zu der Hecke kam und sie sich in lauter schöne Blumen verwandelte. Sie ließen ihn unbeschädigt hindurch, hinter ihm aber wurden sie wieder zu einem dornigen Gestrüpp. Er kam zum Schloss, und da schliefen die Pferde und die Jagdhunde im Hof, die Tauben auf dem Dach und im Haus die Fliegen an der Wand. Der Koch hatte immer noch die Hand erhoben und der Küchenjunge stand immer noch geduckt vor ihm. Im Saal sah er die Minister und Diener und Zofen schlafen, und auf dem Thron schliefen der König und die Königin.

Er ging weiter und kam endlich an den Turm. Er stieg die Wendeltreppe hinauf, öffnete die kleine Tür und sah in der Kammer das schlafende Dornröschen. Da lag es und war so schön, dass er seinen Blick nicht abwenden konnte. Er ging zu ihm und gab ihm einen Kuss.

Da schlug Dornröschen die Augen auf, erwachte und schaute ihn ganz freundlich an. Hand in Hand gingen sie hinunter in das Schloss. Da erwachten der König und die Königin, der ganze Hofstaat, und alle sahen sich erstaunt um. Draußen schüttelten sich die Pferde, die Hofhunde sprangen herum und die Tauben flogen auf. Der Koch zog den Küchenjungen wegen seiner Vergesslichkeit an den Haaren, dass der schrie. Derweil krochen die Fliegen an den Wänden weiter.

Bald darauf wurde die Hochzeit des Königssohns mit Dornröschen gefeiert. Es war ein prächtiges Fest und sie lebten vergnügt bis an ihr Ende.

Aschenputtel

Brüder Grimm

Einmal wurde die Frau eines reichen Mannes sterbenskrank. Als sie fühlte, dass ihr Ende nahte, rief sie ihr einziges Kind und sprach: »Liebes Kind, bleib fromm und gut, so wird Gott dir immer beistehen.« Darauf machte sie die Augen zu und starb. Jeden Tag ging das Mädchen hinaus zum Grab seiner Mutter und weinte und betete.

Der Winter kam und ging, und dann kam das Frühjahr, und der Vater nahm sich eine andere Frau. Die Frau hatte zwei Töchter, die hübsch aussahen, im Herzen aber hässlich und garstig waren. Da fing eine schlimme Zeit für das arme Mädchen an. Statt schöner Kleider sollte es nun einen alten, grauen Kittel tragen und Schuhe aus Holz. »Seht einmal die stolze Prinzessin«, lachten die Stiefschwestern und führten das arme Mädchen in die Küche. Da musste es Wasser holen, Feuer machen, kochen und waschen. Es hatte auch kein Bett mehr, sondern schlief neben dem Kohleherd bei der Asche. Weil es deshalb immer schmutzig aussah, nannten es alle Aschenputtel.

Einmal, als der Vater auf Reisen ging, fragte er seine Töchter, was er ihnen mitbringen solle. Da wünschten sich die beiden Stieftöchter Perlen und schöne Kleider. »Und du, Aschenputtel«, fragte er, »was willst du haben?« Es wünschte sich, dass er ihm einen kleinen, grünen Zweig von unterwegs mitbrächte. So kaufte er für die Stieftöchter, was sie sich gewünscht hatten. Auf dem Heimweg aber ritt er auf einem engen Weg, und da stieß ihm ein Haselzweig den Hut vom Kopf. Den brach er ab und nahm ihn für Aschenputtel mit. Aschenputtel bedankte sich und pflanzte den jungen Zweig auf das Grab. Dabei weinte es so sehr, dass Tränen auf den Zweig fielen, und bald war er zu einem schönen Baum herangewachsen. Jeden Tag saß Aschenputtel darunter, weinte und betete. Und jedes Mal kam ein weißes Vögelchen auf den Baum, das warf herab, was es sich wünschte.

Es begab sich aber, dass der Sohn des Königs heiraten wollte. Da ließ der König ein großes Fest ausrichten, und alle schönen Mädchen im Lande wurden eingeladen, damit sich der Prinz eine Braut aussuchen konnte. Die zwei Stiefschwestern freuten sich und befahlen Aschenputtel: »Kämm uns die Haare, bürste die Schuhe, wir gehen zur Hochzeit auf das Schloss.« Aschenputtel wäre auch gerne mitgegangen, aber die Stiefmutter lachte es aus: »Du bist voll Staub und Schmutz, hast keine Kleider und Schuhe und willst tanzen?« Weil aber Aschenputtel weiter bat, schüttete sie eine Schüssel Linsen in die Asche und sagte: »Wenn du die in zwei Stunden herausgelesen hast, so kannst du mitgehen.« Das Mädchen ging in den Garten und lockte: »Ihr Täubchen und all ihr Vöglein unter dem Himmel, kommt und helft mir lesen:

Die guten ins Töpfchen,
die schlechten ins Kröpfchen.«

Da schwirrten zwei weiße Täubchen zum Küchenfenster herein und mit ihnen die anderen Vöglein, und pick, pick, pick lasen sie alle Linsen aus der Asche in die Schüssel. Nach kaum einer Stunde waren sie fertig und das Mädchen brachte die volle Schüssel der Stiefmutter. Es freute sich, weil es glaubte, nun auch mitgehen zu dürfen. Die Stiefmutter aber sagte: »Du hast keine Kleider«, und schüttete zwei Schüsseln Linsen in die Asche. »Wenn du die in einer Stunde auflesen kannst, so sollst du mitgehen«, sagte sie, dachte aber: »Das schafft Aschenputtel nie und nimmermehr.« Das Mädchen ging in den Garten und lockte: »Ihr Täubchen und all ihr Vöglein unter dem Himmel, kommt und helft mir lesen:

Die guten ins Töpfchen,
die schlechten ins Kröpfchen.«

Da schwirrten die zwei weißen Täubchen zum Küchenfenster herein und mit ihnen alle anderen Vöglein, und pick, pick, pick waren sie in einer halben Stunde fertig. Das Mädchen freute sich, nun auch zur Hochzeit gehen zu dürfen. Doch die Stiefmutter sagte: »Du hast weder Kleider noch Schuhe. Wir müssten uns für dich schämen.« Damit ließ sie Aschenputtel stehen und ging mit ihren hochmütigen Töchtern fort.

Aschenputtel aber ging zum Haselnussbaum am Grab der Mutter und rief:
>>*Bäumchen rüttel dich und schüttel dich,*
wirf Gold und Silber über mich.<<

Da warf ihm der Vogel ein Kleid aus Silber und Gold herunter und Schuhe mit goldener Seide bestickt. Rasch zog es das Kleid an und ging zur Hochzeit. Es sah so schön aus, dass weder die Schwestern noch die Stiefmutter es erkannten. Ja, sie meinten, es müsse eine fremde Königstochter sein. Und der Königssohn tanzte den ganzen Abend nur mit ihm. Als Aschenputtel am Abend nach Hause gehen wollte, sprach der Königssohn: >>Ich begleite dich<<, denn er wollte sehen, wo das schöne Mädchen wohnte. Aber es sprang davon und entwischte ihm. Rasch zog es die schönen Kleider aus und legte sie auf das Grab, von wo der Vogel sie wieder wegnahm. Als die anderen nach Hause kamen, saß es in seinem grauen Kittel in der Küche bei der Asche.

Am anderen Tag, als das Fest von Neuem begann, ging Aschenputtel zum Haselnussbaum und rief:
>>*Bäumchen rüttel dich und schüttel dich,*
wirf Gold und Silber über mich.<<

Da warf der Vogel ein noch viel schöneres Kleid aus Gold und Silber herab, und als es damit auf der Hochzeit erschien, war keine so schön wie Aschenputtel. Der Königssohn hatte schon gewartet und tanzte wiederum nur mit ihm. Am Abend aber, als der Königssohn es nach Hause begleiten wollte, da entwischte Aschenputtel ihm, und er wusste nicht, wo er es suchen sollte. Als die anderen nach Hause kamen, saß es in seinem grauen Kittel wieder am Ofen in der Küche.

Auch am dritten Tag ging Aschenputtel zum Grab seiner Mutter und sprach:
>>*Bäumchen rüttel dich und schüttel dich,*
wirf Gold und Silber über mich.<<

Da warf der Vogel ein goldenes Kleid herab und dazu goldene Schuhe.

Als es in dem Kleid zur Hochzeit kam, staunte jeder über seine Schönheit und der Königssohn tanzte nur mit Aschenputtel. Am Abend aber, als der Königssohn es nach Hause begleiten wollte, da entwischte es ihm wieder. Weil der Königssohn nun aber unbedingt wissen wollte, wer das Mädchen war, hatte er zu einer List gegriffen und die Treppe mit Leim bestreichen lassen. Da blieb, als es die Stufen heruntersprang, sein linker Schuh daran kleben. Der Königssohn hob den zierlichen Schuh auf und sagte: »Keine andere soll meine Gemahlin werden als die, an deren Fuß dieser goldene Schuh passt.«

Nun suchte er im ganzen Land nach dem Mädchen, doch keiner passte der Schuh. So kam er auch in das Haus, in dem Aschenputtel lebte. Die beiden Schwestern freuten sich, denn sie hatten schöne Füße, aber als die älteste den Schuh anprobieren wollte, kam sie mit der großen Zehe nicht herein, der Schuh war zu klein. Da reichte ihr die Mutter ein Messer und sprach: »Hau die Zehe ab. Wenn du Königin bist, brauchst du nicht mehr zu Fuß zu gehen.« Das Mädchen tat, was die Mutter sagte. Sie verbiss sich den Schmerz, zwängte den Fuß in den Schuh und ging zum Königssohn. Der nahm sie als seine Braut vor sich aufs Pferd und ritt mit ihr fort. Ihr Weg führte aber an dem Grab vorbei, und da saßen die beiden Täubchen auf dem Haselnussbaum und riefen:

>»Rucke di guh, rucke di guh, Blut ist im Schuh:
>Der Schuh ist zu klein, die rechte Braut sitzt noch daheim.«

Da sah er, wie Blut aus dem Schuh herausquoll, und er brachte die falsche Braut wieder heim. Nun sollte die andere Schwester den Schuh probieren. Sie ging in die Kammer und kam auch mit den Zehen in den Schuh, aber ihre Ferse war zu groß. Da reichte ihr die Mutter ein Messer und sprach: »Hau ein Stück ab. Wenn du Königin bist, brauchst du nicht mehr zu Fuß zu gehen.« Das Mädchen tat, was die Mutter sagte, verbiss sich den Schmerz, zwängte den Fuß in den Schuh und ging zum Königssohn. Der nahm sie als seine Braut vor sich aufs Pferd und ritt mit ihr fort. Als sie aber am Haselnussbaum vorbeikamen, riefen die Täubchen:

»Rucke di guh, rucke di guh, Blut ist im Schuh:
Der Schuh ist zu klein, die rechte Braut sitzt noch daheim.«

Da sah er, wie das Blut die weißen Strümpfe rot färbte, und er drehte um und brachte die falsche Braut wieder heim. »Habt ihr noch eine Tochter?« Der Vater antwortete: »Nein, nur von meiner verstorbenen Frau ist noch ein kleines Aschenputtel da, das kann niemals die Braut sein.« Aber der Königssohn bestand darauf, dass es auch den Schuh probieren sollte. Da wurde Aschenputtel gerufen, und es wusch sich erst rasch Gesicht und Hände, bevor es vor dem Königssohn einen Knicks machte. Er reichte ihm den goldenen Schuh, und es setzte sich auf einen Schemel, zog den Fuß aus seinem schweren Holzschuh und schlüpfte hinein; und siehe, der Schuh saß wie angegossen. Da erkannte er das schöne Mädchen, mit dem er getanzt hatte, und rief: »Das ist die rechte Braut!« Die Stiefmutter und die beiden Schwestern wurden bleich vor Ärger. Er aber nahm Aschenputtel auf sein Pferd und ritt mit ihm fort. Als sie an dem Haselnussbaum vorbeikamen, riefen die beiden Täubchen:

»Rucke di guh, rucke di guh, kein Blut ist im Schuh:
Der Schuh ist nicht zu klein, die rechte Braut, die führt er heim.«

Sie flogen herab und setzten sich links und rechts auf Aschenputtels Schultern. Als Hochzeit war, wollten die beiden falschen Schwestern sich bei Aschenputtel einschmeicheln und etwas von seinem Glück abbekommen. Auf dem Weg zur Kirche ging die älteste zur rechten und die jüngste zur linken Seite der Braut: Da pickten die Tauben einer jeden das eine Auge aus. Nach der Kirche ging die älteste zur linken und die jüngste zur rechten Seite der Braut: Da pickten die Tauben jeder das andere Auge aus. So wurden sie für ihre Bosheit und Falschheit lebenslang mit Blindheit bestraft.

Die goldene Gans

Brüder Grimm

Es war einmal ein Mann, der hatte drei Söhne, von denen der jüngste als Dummling verachtet und verspottet wurde. Nun geschah es einmal, dass der älteste in den Wald gehen und Holz hauen wollte. Da gab ihm seine Mutter einen süßen Eierkuchen und eine Flasche Wein mit, damit er weder Hunger noch Durst litt. Im Wald traf er ein altes graues Männlein, das sprach: »Guten Tag, gib mir doch ein Stück Kuchen aus deiner Tasche und einen Schluck Wein, ich bin hungrig und durstig.« – »Geb ich dir meinen Kuchen und meinen Wein«, sagte der kluge Sohn, »dann habe ich selbst nichts mehr. Also lass mir meine Ruhe und hau ab.« Damit ließ er das Männlein stehen und ging weiter. Als er an dem Baum angekommen war, den er schlagen wollte, holte er die Axt heraus und fing an. Nach ein paar Schlägen schlug er daneben und verletzte sich so schwer am Arm, dass er nach Hause gehen musste. Das aber hatte das graue Männlein getan. Darauf ging der zweite Sohn in den Wald, und auch er bekam einen süßen Eierkuchen und eine Flasche Wein mit. Unterwegs begegnete ihm das alte graue Männlein und bat ihn um ein Stück Kuchen und einen Schluck Wein. Der zweite dachte nach und sagte dann ganz richtig: »Wenn ich dir von meinen Sachen abgebe, so habe ich weniger davon. Nein, das will ich nicht. Also pack dich und verschwinde.« Auch ihn bestrafte das Männlein, denn kaum hatte er ein paar Hiebe gemacht, fuhr die Axt ihm ins Bein und er musste nach Hause getragen werden. Da sagte der Dummling: »Vater, ich will hinausgehen und Holz hacken.« – »Ach was«, antwortete der Vater, »wenn es deine beiden Brüder nicht schaffen, dann kannst du es auch nicht.« Doch der Dummling bettelte so lange, bis der Vater nachgab. »Geh nur«, sagte er, »durch Schaden wirst du klug.«

Die Mutter machte einen Kuchen aus Wasser und Asche und gab ihm eine Flasche saures Bier mit. Im Wald traf er auf das alte graue Männlein, und als es ihn grüßte und um ein Stückchen Kuchen und einen Schluck Bier bat, sagte der Dummling: »Ich habe nur Aschekuchen und saures Bier bei mir. Wenn du aber damit zufrieden bist, so wollen wir uns setzen und essen.« Nun aßen und tranken sie gemeinsam, und als sie fertig waren, sagte das Männlein: »Weil du ein gutes Herz hast, will ich dir Glück bringen. Dort steht ein alter Baum, hau den ab, und du wirst zwischen den Wurzeln etwas finden.« Dann sagte das Männlein Adieu und verschwand.

Der Dummling ging und hieb den Baum ab, und als er umfiel, saß zwischen seinen Wurzeln eine Gans, deren Federn aus reinstem Gold waren. Er nahm sie unter den Arm und ging in ein Wirtshaus, weil er da übernachten wollte. Der Wirt hatte drei Töchter, die sahen neugierig auf die Gans und hätten so gern eine ihrer goldenen Federn gehabt. Die älteste wartete, bis der Dummling schlafen gegangen war, dann packte sie die Gans beim Flügel und wollte eine Feder ausreißen. Aber ihre Finger blieben kleben und sie kam nicht mehr los. Schon kam die zweite Tochter und wollte sich eine goldene Feder holen. Aber kaum hatte sie ihre Schwester berührt, blieb sie an ihr hängen. Dann kam auch die dritte und wollte eine Feder. Die beiden anderen riefen ihr zu: »Bleib weg! Bleib weg!« Doch sie verstand nicht, warum, und lief zu ihren Schwestern. Kaum aber hatte sie die zweite berührt, blieb sie fest an ihr hängen.

Am Morgen nahm der Dummling die Gans unter den Arm und ging fort. Er kümmerte sich nicht um die drei Mädchen, die daran hingen, und so mussten sie hinter ihm herlaufen. Auf dem Feldweg begegnete ihnen

der Pfarrer, der den Mädchen zurief: »Ja, schämt ihr euch nicht, einem jungen Burschen nachzulaufen?«, und er packte die jüngste und wollte sie wegziehen. Im selben Augenblick aber, in dem er sie berührte, blieb er an ihr hängen und musste nun selber hinterherlaufen. Nicht lange, so kam der Bürgermeister und sah den Pfarrer den drei Mädchen folgen. »Ei, Herr Pfarrer«, sprach er, »wohin so geschwind? Heute ist doch die Taufe meines Kindes«, und er fasste den Pfarrer am Ärmel – und blieb hängen. Wie die fünf so hintereinander herliefen, kamen zwei Bauern mit ihren Hacken von der Feldarbeit. Denen rief der Pfarrer zu, sie sollten sie doch losmachen. Doch kaum hatten die den Bürgermeister berührt, blieben sie hängen. Jetzt waren es schon sieben, die dem Dummling mit der Gans nachliefen.

Bald darauf kamen sie in eine Stadt, in der ein König regierte. Der hatte eine Tochter, die war so ernst und besonnen, dass sie noch niemals gelacht hatte. Deshalb erließ der König ein Gesetz, das besagte, wer die Königstochter zum Lachen bringen könnte, sollte sie zur Frau haben. Als der Dummling das hörte, marschierte er mit seiner Gans und dem ganzen Anhang vor die Königstochter, und als diese den Auflauf sah, fing sie laut an zu lachen und lachte und lachte und wollte gar nicht wieder aufhören. Da verlangte der Dummling sie zur Braut. Aber der König dachte sich allerlei Einwände aus und sagte, er müsste ihm erst einen Mann bringen, der einen ganzen Keller Wein

austrinken könnte. Der Dummling dachte an das graue Männlein und ging zurück in den Wald. Da sah er an der Stelle, wo er den Baum umgehauen hatte, einen Mann sitzen, der machte ein arg betrübtes Gesicht. Der Dummling fragte ihn, was ihn so betrübte, und der Mann antwortete: »Ich bin so durstig, ich habe schon zwei Fässer Wein ausgeleert, aber ich habe immer noch Durst.« »Ich kann dir helfen«, sagte der Dummling, »du sollst genug und übergenug haben.« Er führte ihn in den Keller des Königs, und da trank der Mann und trank, und noch ehe der Tag vorbei war, hatte er den ganzen Keller ausgetrunken.

Der Dummling verlangte wieder seine Braut; der König aber ärgerte sich, dass ein Jüngling, den jedermann den Dummling nannte, seine Tochter zur Frau haben sollte, und er stellte eine neue Bedingung: Erst müsste er einen Mann herbeischaffen, der einen ganzen Berg Brot aufessen könnte. Der Dummling ging wieder zu der Stelle im Wald, und da saß ein Mann, der schnürte sich vor Hunger den Leib mit einem Gürtel zusammen. »Warum machst du das?«, fragte der Dummling. Der Mann antwortete: »Ich habe einen ganzen Backofen voll Brot aufgegessen, aber ich habe immer noch so Hunger.« – »Ich kann dir helfen«, sagte der Dummling, »du sollst dich voll und satt essen.« Und er führte ihn zum König. Der hatte derweil das Mehl aus dem ganzen Reich zusammenfahren und einen großen Berg Brote davon backen lassen. Der Mann aus dem Wald stellte sich davor und fing an zu essen. Er aß und aß, und nach einem Tag und einer Nacht war der ganze Brotberg verschwunden.

Nun wollte der Dummling seine Braut haben, aber der König stellte eine letzte Forderung: Er sollte ihm ein Schiff bringen, das zu Wasser und zu Lande fuhr. Schaffte er das, sollte er die Königstochter zur Frau haben. Der Dummling ging noch einmal in den Wald, da traf er das Männlein. Das sagte: »Ich habe gegessen und getrunken für dich. Ich will dir auch das Schiff geben, weil du damals barmherzig zu mir gewesen bist.« Als der Dummling mit dem Schiff zum König kam, musste der ihm seine Tochter geben. Die aber hatte den Dummling schon lange lieb gewonnen, und so feierten sie vergnügt Hochzeit. Der Dummling erbte das Reich und die beiden waren sehr glücklich miteinander.

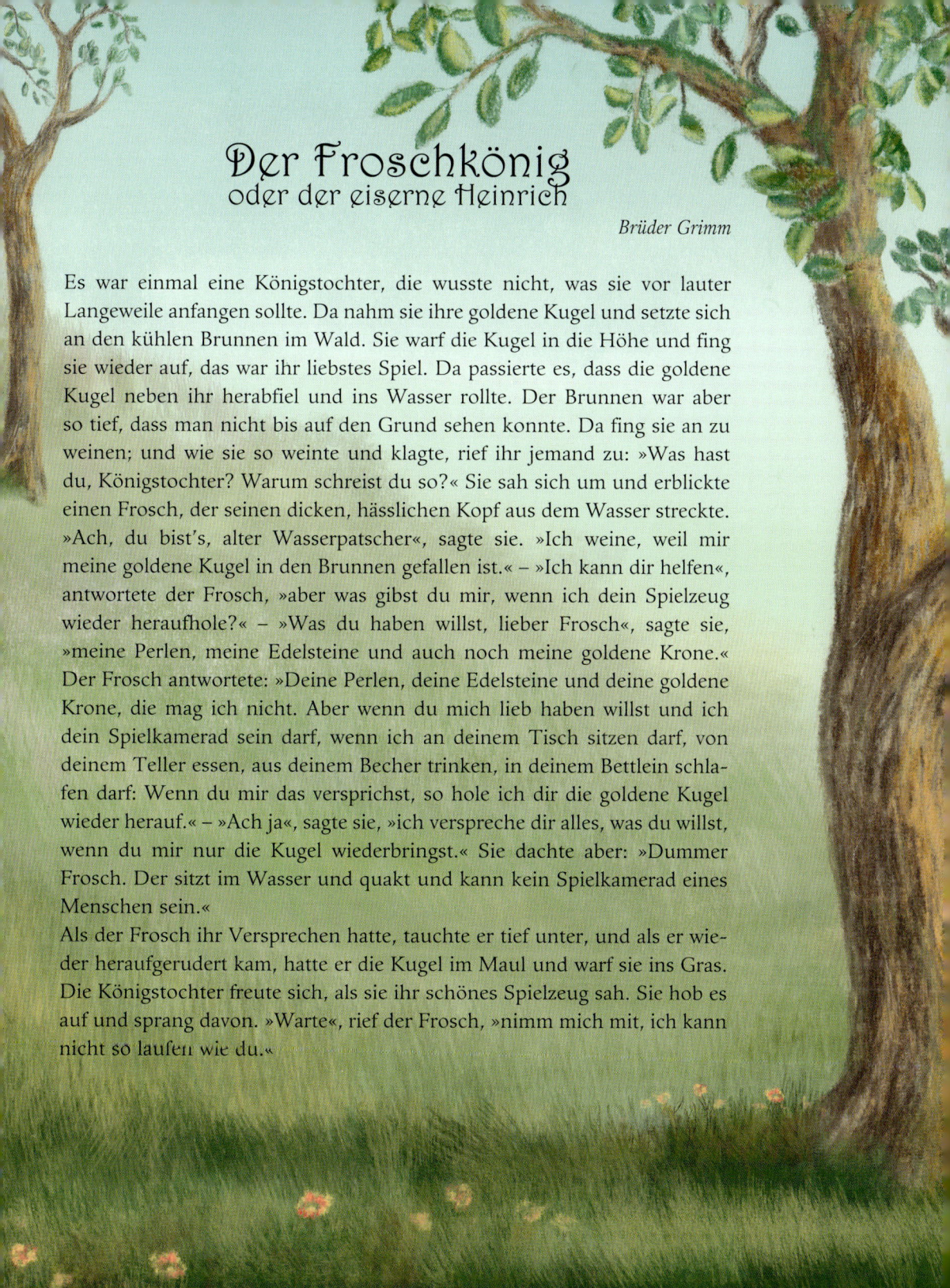

Der Froschkönig
oder der eiserne Heinrich

Brüder Grimm

Es war einmal eine Königstochter, die wusste nicht, was sie vor lauter Langeweile anfangen sollte. Da nahm sie ihre goldene Kugel und setzte sich an den kühlen Brunnen im Wald. Sie warf die Kugel in die Höhe und fing sie wieder auf, das war ihr liebstes Spiel. Da passierte es, dass die goldene Kugel neben ihr herabfiel und ins Wasser rollte. Der Brunnen war aber so tief, dass man nicht bis auf den Grund sehen konnte. Da fing sie an zu weinen; und wie sie so weinte und klagte, rief ihr jemand zu: »Was hast du, Königstochter? Warum schreist du so?« Sie sah sich um und erblickte einen Frosch, der seinen dicken, hässlichen Kopf aus dem Wasser streckte. »Ach, du bist's, alter Wasserpatscher«, sagte sie. »Ich weine, weil mir meine goldene Kugel in den Brunnen gefallen ist.« – »Ich kann dir helfen«, antwortete der Frosch, »aber was gibst du mir, wenn ich dein Spielzeug wieder heraufhole?« – »Was du haben willst, lieber Frosch«, sagte sie, »meine Perlen, meine Edelsteine und auch noch meine goldene Krone.« Der Frosch antwortete: »Deine Perlen, deine Edelsteine und deine goldene Krone, die mag ich nicht. Aber wenn du mich lieb haben willst und ich dein Spielkamerad sein darf, wenn ich an deinem Tisch sitzen darf, von deinem Teller essen, aus deinem Becher trinken, in deinem Bettlein schlafen darf: Wenn du mir das versprichst, so hole ich dir die goldene Kugel wieder herauf.« – »Ach ja«, sagte sie, »ich verspreche dir alles, was du willst, wenn du mir nur die Kugel wiederbringst.« Sie dachte aber: »Dummer Frosch. Der sitzt im Wasser und quakt und kann kein Spielkamerad eines Menschen sein.«

Als der Frosch ihr Versprechen hatte, tauchte er tief unter, und als er wieder heraufgerudert kam, hatte er die Kugel im Maul und warf sie ins Gras. Die Königstochter freute sich, als sie ihr schönes Spielzeug sah. Sie hob es auf und sprang davon. »Warte«, rief der Frosch, »nimm mich mit, ich kann nicht so laufen wie du.«

Aber was half ihm sein lautes Quaken, sie hörte nicht darauf, sie eilte nach Hause und hatte schon bald den Frosch vergessen.

Am nächsten Tag, als sie mit dem König und allen Hofleuten bei Tische saß, da kam, plitsch platsch, etwas die Marmortreppe hinauf. Als es oben war, klopfte es an der Tür und rief: »Königstochter, jüngste, mach mir auf.« Sie lief und wollte sehen, wer draußen wäre, und als sie aufmachte, saß der Frosch davor. Da warf sie die Tür hastig wieder zu und setzte sich voller Angst an den Tisch. Der König sah, dass ihr das Herz gewaltig klopfte, und fragte: »Mein Kind, warum fürchtest du dich? Steht etwa ein Riese vor der Tür und will dich holen?« »Ach nein«, sagte sie, »es ist nur ein garstiger Frosch.« – »Was will der Frosch?«, fragte der König. Da erzählte sie, was beim Brunnen passiert war und dass sie dem Frosch versprochen hatte, ihr Spielkamerad zu werden. »Ich dachte aber«, sagte sie, »dass er nicht aus seinem Brunnen herauskönnte. Nun ist er draußen und will zu mir herein.« Da klopfte es ein zweites Mal und rief:

>*»Königstochter, jüngste, mach mir auf,*
>*weißt du nicht, was gestern du zu mir gesagt hast*
>*bei dem kühlen Brunnenwasser?*
>*Königstochter, jüngste, mach mir auf.«*

Da sagte der König: »Was du versprochen hast, musst du auch halten.« Da ging sie und öffnete die Tür. Der Frosch hüpfte herein, immer hinter ihr her, bis zu ihrem Stuhl. Dort rief er: »Heb mich auf.« Sie zauderte, bis es der König befahl. Als der Frosch auf dem Stuhl war, wollte er auf den Tisch, und als er da saß, sprach er: »Schieb mir dein goldenes Tellerchen näher, damit wir zusammen essen.« Der Frosch ließ es sich schmecken, doch sie mochte kaum etwas essen. Als er satt war, sprach er: »Ich bin müde. Trag mich in dein Kämmerlein und mach dein seidenes Bettchen zurecht, wir wollen schlafen gehen.«

Die Königstochter weinte, denn sie fürchtete sich vor dem kalten Frosch. Und der sollte nun in ihrem schönen Bettlein schlafen! Der König aber wurde zornig und sprach: »Wer dir in der Not hilft, den sollst du hinterher nicht verachten.«

Da packte sie den Frosch mit zwei Fingern, trug ihn hinauf und setzte ihn in eine Ecke. Als sie im Bett lag, kam der Frosch gekrochen und sprach: »Ich bin müde, ich will so gut schlafen wie du: Heb mich herauf oder ich sag's deinem Vater.« Da wurde sie bitterböse. Sie nahm ihn und warf ihn mit aller Kraft gegen die Wand: »Nun wirst du Ruhe geben, du garstiger Frosch!«

Als er aber herabfiel, war er kein Frosch, sondern ein Königssohn mit schönen, freundlichen Augen. Er erzählte ihr, er wäre von einer bösen Hexe verwünscht worden, und niemand hätte ihn erlösen können als sie allein, und morgen wollten sie zusammen in sein Reich gehen. So schliefen sie ein. Als am anderen Morgen die Sonne sie weckte, kam eine Kutsche zum Schloss gefahren. Sie sollte den jungen König in sein Reich zurückbringen. Hinten auf der Kutsche stand der Diener des jungen Königs, das war der treue Heinrich. Der war so traurig gewesen, als sein Herr in einen Frosch verwandelt worden war, dass er sich drei eiserne Bande um sein Herz hatte legen lassen, damit es nicht zerspränge. Er hob die beiden in die Kutsche, stellte sich hinten auf und war voll Freude über die Erlösung. Als sie ein Stück gefahren waren, hörte der Königssohn, dass es hinter ihm krachte, als zerbräche etwas, und er rief:

> »Heinrich, der Wagen bricht.«
> »Nein, Herr, der Wagen nicht,
> es ist ein Band von meinem Herzen,
> das da lag in großen Schmerzen,
> als Ihr in dem Brunnen saßt,
> als Ihr eine Fretsche (Frosch) wast (wart).«

Noch einmal und noch einmal krachte es, dass der Königssohn meinte, der Wagen bräche. Aber es waren die Bande, die vom Herzen des treuen Heinrichs absprangen, weil sein Herr erlöst und glücklich war.

Schneewittchen

Brüder Grimm

Es war einmal im Winter, und die Schneeflocken fielen wie Federn vom Himmel, da saß eine Königin am Fenster, das einen Rahmen aus schwarzem Ebenholz hatte, und nähte. Und wie sie so nähte, stach sie sich in den Finger und drei Tropfen Blut fielen in den Schnee. Weil das Rote nun im weißen Schnee so schön aussah, dachte sie: »Hätt ich nur ein Kind, so weiß wie Schnee, so rot wie Blut und so schwarz wie Ebenholz.« Bald darauf bekam sie eine Tochter, die war weiß wie Schnee, rot wie Blut und mit Haaren, so schwarz wie Ebenholz. Darum nannten alle es Schneewittchen. Als das Kind geboren war, starb die Königin.

Nach einem Jahr nahm sich der König eine andere Frau. Die war sehr schön, aber auch sehr stolz und hochmütig, sie konnte nicht leiden, wenn jemand schöner sein sollte als sie. Sie hatte einen wunderbaren Spiegel, wenn sie vor den trat und sich darin beschaute, sprach sie:

>*Spieglein, Spieglein an der Wand,*
>*wer ist die Schönste im ganzen Land?«*

Da antwortete der Spiegel:

>*»Frau Königin, Ihr seid die Schönste im Land.«*

Da war sie zufrieden, denn sie wusste, dass der Spiegel die Wahrheit sagte. Schneewittchen wuchs heran und wurde immer schöner. Und als es sieben Jahre alt war, war es so schön wie der klare Tag und schöner als die Königin selbst. Und als diese einmal ihren Spiegel fragte:

>*»Spieglein, Spieglein an der Wand,*
>*wer ist die Schönste im ganzen Land?«,*

so antwortete er:

>*»Frau Königin, Ihr seid die Schönste hier,*
>*aber Schneewittchen ist noch tausendmal schöner als Ihr.«*

Von nun an hasste sie das Mädchen, Neid und Hochmut wuchsen in ihrem Herzen, und bald hatte sie keine Ruhe mehr.

Da rief sie einen Jäger und sprach: »Bring das Kind in den Wald, ich will's nicht mehr sehen. Töte es, und zeig mir Lunge und Leber zum Zeichen, dass du es getan hast.« Der Jäger gehorchte und brachte Schneewittchen in den Wald. Als er aber sein Messer zog, weinte es und bat: »Lieber Jäger, lass mich leben. Ich will in den Wald laufen und nimmer wieder heimkommen.« Da hatte der Jäger Mitleid und sagte: »Lauf hin, du armes Kind.« Bei sich dachte er aber: »Bald werden es wilde Tiere gefressen haben«, und doch war er froh, dass er es nicht getötet hatte. Stattdessen stach er ein junges Wildschwein ab, nahm Lunge und Leber heraus und brachte beides der Königin.

Nun war das arme Kind allein in dem großen Wald und hatte große Angst. Es lief über spitze Steine und durch Dornen, wilde Tiere sprangen an ihm vorbei, doch sie taten ihm nichts. Es lief, bis es dunkel wurde. Da sah es ein Häuschen und ging hinein. In dem Häuschen war alles klein, zierlich und bis in die Ecken blitzblank. Auf einem weiß gedeckten Tischlein standen sieben kleine Teller, bei jedem Teller lagen sieben kleine Löffel, Messer und Gabeln und daneben standen sieben kleine Becherchen. An der Wand waren sieben Bettchen aufgestellt. Schneewittchen war so hungrig und durstig, dass es von jedem Teller ein wenig Gemüse und Brot aß und aus jedem Becher einen Tropfen Wein trank, es wollte ja nicht einem allein alles wegnehmen. Danach legte es sich in ein Bettchen, aber keines passte: Das eine war zu lang, das andere zu kurz, bis endlich das siebte recht war. Da blieb Schneewittchen liegen und schlief ein.

Als es dunkel geworden war, kamen die Herren des Häusleins, das waren die sieben Zwerge, die tagsüber in den Bergen nach Erz gruben.

Als sie das Licht anzündeten, sahen sie, dass jemand im Häuschen gewesen war, denn nichts war mehr so, wie sie es verlassen hatten. Der erste sprach: »Wer hat auf meinem Stühlchen gesessen?«, der zweite: »Wer hat von meinem Tellerchen gegessen?«, der dritte: »Wer hat von meinem Brötchen genommen?«, der vierte: »Wer hat von meinem Gemüschen gegessen?«, der fünfte: »Wer hat mit meinem Gäbelchen gestochen?«, der sechste: »Wer hat mit meinem Messerchen geschnitten?«, der siebte: »Wer hat aus meinem Becherchen getrunken?«

Dann sahen sechs, dass auf ihren Bettchen kleine Dellen waren, und sagten: »Wer hat in meinem Bettchen gelegen?« Der siebte aber sah Schneewittchen in seinem Bett schlafen. Er rief die anderen. »Ei, mein Gott«, sagten sie, »ist das Kind schön!«, und hatten so große Freude, dass sie es schlafen ließen. Der siebte Zwerg schlief jeweils eine Stunde bei einem seiner Gesellen, und da war die Nacht vorbei.

Als Schneewittchen am Morgen die sieben Zwerge sah, erschrak es. Aber sie waren freundlich und wollten seinen Namen wissen. »Ich heiße Schneewittchen«, antwortete es und erzählte, dass die Stiefmutter es hatte umbringen wollen, der Jäger ihm aber das Leben geschenkt hätte, und wie es gelaufen sei, bis es das Häuschen gefunden hatte. Die Zwerge fragten: »Willst du für uns kochen, waschen, nähen und willst du alles sauber halten, dann kannst du bei uns bleiben.« – »Von Herzen gern«, sagte Schneewittchen. So hielt es das Haus in Ordnung, während die Zwerge tagsüber nach Erz und Gold suchten. Am Abend kochte es das Essen für sie. So war es tagsüber allein, und die Zwerge warnten: »Lass niemanden herein!«

Die Königin aber, die dachte, jetzt sei sie wieder die Allerschönste, trat vor ihren Spiegel und sprach:

»Spieglein, Spieglein an der Wand,
wer ist die Schönste im ganzen Land?«

Da antwortete er:

»Frau Königin, Ihr seid die Schönste hier,
aber Schneewittchen über den Bergen
bei den sieben Zwergen
ist noch tausendmal schöner als Ihr.«

Da erschrak sie, weil sie jetzt wusste, dass der Jäger sie betrogen hatte und Schneewittchen am Leben war. Ihr Neid aber ließ ihr keine Ruhe, und endlich hatte sie sich etwas ausgedacht: Sie kleidete sich wie eine Krämerin und färbte sich das Gesicht. So ging sie über die sieben Berge zu den sieben Zwergen, klopfte an die Tür und rief: »Schöne Ware zu verkaufen!« Schneewittchen schaute zum Fenster heraus und sagte: »Guten Tag, liebe Frau, was verkauft Ihr denn?« – »Schnürriemen«, antwortete sie und holte einen hervor. »Diese ehrliche Frau kann ich hereinlassen«, dachte Schneewittchen und machte die Tür auf. Nachdem es einen hübschen Schnürriemen für sein Mieder gekauft hatte, sagte die Krämerin: »Komm, ich will dich einmal ordentlich schnüren.« Schneewittchen dachte nichts Böses. Die Krämerin aber schnürte das Mieder so fest, dass es Schneewittchen den Atem nahm, und es fiel um. »Nun bist du die Schönste gewesen«, sagte die böse Königin und eilte davon.

Nicht lange danach kamen die sieben Zwerge nach Hause. Wie erschraken sie, als sie Schneewittchen auf der Erde liegen sahen. Aber als sie entdeckten, dass es zu fest geschnürt war, schnitten sie den Riemen entzwei, und so wurde es wieder lebendig. Schneewittchen erzählte ihnen, was geschehen war, und die Zwerge sagten: »Die Krämersfrau war niemand als die böse Königin. Hüte dich! Lass keinen herein!«

Das böse Weib aber ging zu Hause sofort zu ihrem Spiegel und fragte:

»Spieglein, Spieglein an der Wand,
wer ist die Schönste im ganzen Land?«

Da antwortete er:

»Frau Königin, Ihr seid die Schönste hier,
aber Schneewittchen über den Bergen
bei den sieben Zwergen
ist noch tausendmal schöner als Ihr.«

Da erschrak sie bis aufs Blut und überlegte wiederum, wie sie Schneewittchen töten könnte, und sie machte einen giftigen Kamm. Dann verkleidete sie sich als altes Weib und ging über die sieben Berge zu den sieben Zwergen, klopfte an die Tür und rief: »Gute Ware zu verkaufen!« Schneewittchen sagte aber: »Geht nur weiter, ich darf niemanden hereinlassen.« – »Aber ansehen darfst du meine Ware doch«, sagte die Alte und zog den giftigen Kamm heraus. Der gefiel dem Mädchen so gut, dass es die Tür öffnete. Als es den Kamm gekauft hatte, sagte die Alte: »Jetzt will ich dich einmal ordentlich kämmen.« Aber kaum hatte die Alte den Kamm in seine Haare gesteckt, wirkte das Gift und Schneewittchen fiel um. »Jetzt ist's um dich geschehen«, sagte das boshafte Weib und eilte davon.

Als die sieben Zwerge kamen und Schneewittchen wie tot auf der Erde liegen sahen, hatten sie gleich die Stiefmutter in Verdacht. Sie fanden den giftigen Kamm, und als sie ihn herausgezogen hatten, kam Schneewittchen wieder zu sich und erzählte alles. Da warnten sie es noch einmal, niemandem die Tür zu öffnen.

Die Königin stellte sich daheim vor ihren Spiegel und fragte:

»Spieglein, Spieglein an der Wand,
wer ist die Schönste im ganzen Land?«

Und er antwortete:

»Frau Königin, Ihr seid die Schönste hier,
aber Schneewittchen über den Bergen
bei den sieben Zwergen
ist noch tausendmal schöner als Ihr.«

Da zitterte und bebte sie vor Zorn! Sie ging in eine verborgene Kammer und vergiftete einen Apfel. Äußerlich sah er so schön aus, dass jeder, der ihn sah, hineinbeißen wollte. Wer aber davon aß, der musste sterben. Als der Apfel fertig war, verkleidete sie sich als Bauersfrau, ging über die sieben Berge zu den sieben Zwergen und klopfte an. Schneewittchen schaute zum Fenster heraus. »Ich darf keinen hereinlassen«, sagte es. »Mir auch recht«, antwortete die Bauersfrau, »meine Äpfel werde ich schon los. Da, einen schenke ich dir.« – »Nein«, sagte Schneewittchen, »ich darf nichts annehmen.« – »Fürchtest du dich vor Gift?«, lachte die Alte, »schau, ich schneide den Apfel in zwei Teile. Den mit dem roten Backen isst du, ich esse den hellen Teil.« Der Apfel war aber so geschickt gemacht, dass das Gift nur in der roten Backe war. Als Schneewittchen sah, dass die Bauersfrau ihren Teil aß, konnte es nicht länger widerstehen, nahm die rote Hälfte und biss hinein. Kaum hatte es den Bissen im Mund, fiel es tot zur Erde. Da betrachtete die Königin das Mädchen und lachte: » Diesmal können dir die Zwerge nicht helfen!«

Kaum war sie wieder daheim, fragte sie den Spiegel:

>*»Spieglein, Spieglein an der Wand,*
>*wer ist die Schönste im ganzen Land?«*

Und endlich antwortete er:

>*»Frau Königin, Ihr seid die Schönste im Land.«*

Da hatte ihr neidisches Herz Ruhe, so gut ein neidisches Herz Ruhe haben kann. Am Abend fanden die Zwerge Schneewittchen tot auf der Erde liegen. Sie suchten, ob sie etwas Giftiges fänden, schnürten es auf und kämmten es, sie wuschen es, aber ihr liebes Schneewittchen blieb tot. Da legten sie es auf eine Bahre und beweinten es drei Tage lang. Als sie es aber beerdigen wollten, sah es noch so frisch aus und hatte so rote Wangen, dass sie es unmöglich in die Erde versenken mochten. Sie ließen einen Sarg aus Glas machen, legten es hinein und schrieben mit goldenen Buchstaben seinen Namen darauf und dass es eine Königstochter wäre. Dann brachten sie den Sarg auf den Berg, und ein Zwerg blieb immer da und bewachte ihn.

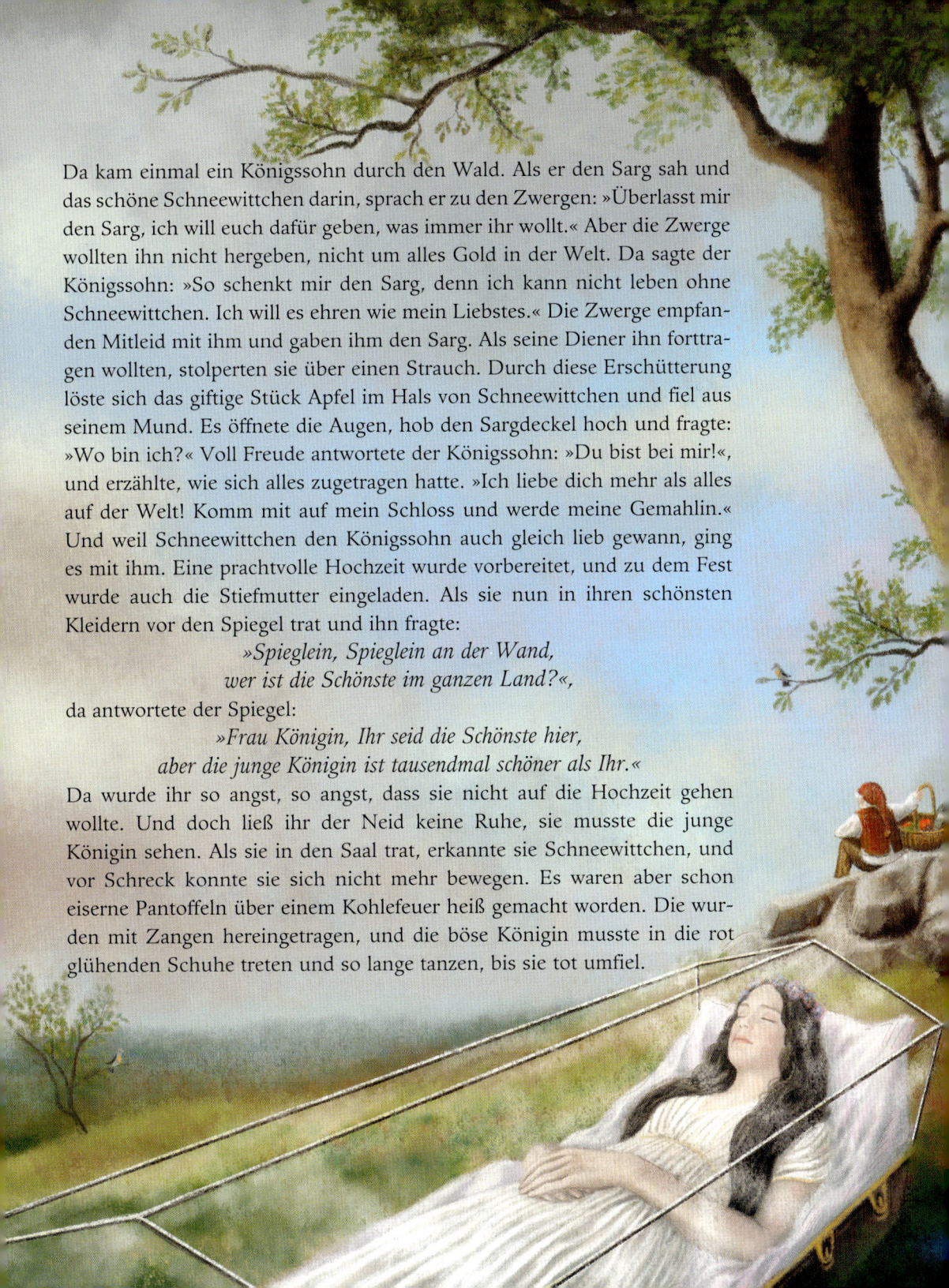

Da kam einmal ein Königssohn durch den Wald. Als er den Sarg sah und das schöne Schneewittchen darin, sprach er zu den Zwergen: »Überlasst mir den Sarg, ich will euch dafür geben, was immer ihr wollt.« Aber die Zwerge wollten ihn nicht hergeben, nicht um alles Gold in der Welt. Da sagte der Königssohn: »So schenkt mir den Sarg, denn ich kann nicht leben ohne Schneewittchen. Ich will es ehren wie mein Liebstes.« Die Zwerge empfanden Mitleid mit ihm und gaben ihm den Sarg. Als seine Diener ihn forttragen wollten, stolperten sie über einen Strauch. Durch diese Erschütterung löste sich das giftige Stück Apfel im Hals von Schneewittchen und fiel aus seinem Mund. Es öffnete die Augen, hob den Sargdeckel hoch und fragte: »Wo bin ich?« Voll Freude antwortete der Königssohn: »Du bist bei mir!«, und erzählte, wie sich alles zugetragen hatte. »Ich liebe dich mehr als alles auf der Welt! Komm mit auf mein Schloss und werde meine Gemahlin.« Und weil Schneewittchen den Königssohn auch gleich lieb gewann, ging es mit ihm. Eine prachtvolle Hochzeit wurde vorbereitet, und zu dem Fest wurde auch die Stiefmutter eingeladen. Als sie nun in ihren schönsten Kleidern vor den Spiegel trat und ihn fragte:

>»Spieglein, Spieglein an der Wand,
>wer ist die Schönste im ganzen Land?«,

da antwortete der Spiegel:

>»Frau Königin, Ihr seid die Schönste hier,
>aber die junge Königin ist tausendmal schöner als Ihr.«

Da wurde ihr so angst, so angst, dass sie nicht auf die Hochzeit gehen wollte. Und doch ließ ihr der Neid keine Ruhe, sie musste die junge Königin sehen. Als sie in den Saal trat, erkannte sie Schneewittchen, und vor Schreck konnte sie sich nicht mehr bewegen. Es waren aber schon eiserne Pantoffeln über einem Kohlefeuer heiß gemacht worden. Die wurden mit Zangen hereingetragen, und die böse Königin musste in die rot glühenden Schuhe treten und so lange tanzen, bis sie tot umfiel.

Rapunzel

Brüder Grimm

Es waren einmal ein Mann und eine Frau, die wünschten sich schon lange ein Kind. Endlich war die Frau voller Hoffnung, der liebe Gott würde ihren Wunsch erfüllen. Die Leute hatten in ihrem Hinterhaus ein kleines Fenster. Von dort konnten sie auf einen Garten sehen, in dem die schönsten Blumen und Kräuter wuchsen. Der Garten war aber von einer hohen Mauer umgeben, und niemand wagte sich hinein, denn er gehörte einer Zauberin, die große Macht hatte.

Eines Tages stand die Frau an diesem Fenster und sah auf ein Beet voll herrlicher Rapunzeln, so frisch und grün, dass sie größten Appetit darauf bekam. Sie wusste, dass sie keine davon holen durfte, und doch wurde ihr Heißhunger darauf immer heftiger. Vor lauter Verlangen sah sie bald ganz blass und elend aus. Da fragte ihr Mann: »Liebe Frau, was fehlt dir?« »Ach«, seufzte sie, »wenn ich keine Rapunzeln aus diesem Garten kriege, so sterbe ich.« Da erschrak der Mann, und weil er sie sehr lieb hatte, stieg er am Abend über die Mauer, stach schnell eine Handvoll Rapunzeln aus und brachte sie seiner Frau. Die Frau machte sich gleich einen Salat daraus und aß ihn voller Begierde auf. Die Rapunzeln hatten ihr aber besonders gut geschmeckt, sodass sie am anderen Tag dreimal so viel Hunger darauf bekam. Sollte sie Ruhe haben, so musste der Mann noch einmal über die Mauer steigen. Er machte sich also am Abend wieder auf den Weg. Als er aber von der Mauer herabkletterte, erschrak er gewaltig, denn vor ihm stand die Zauberin.

»Wie kannst du es wagen«, rief sie und sah ihn zornig an, »meine Rapunzeln zu stehlen!« Der Mann entschuldigte sich vielmals und erklärte, dass seine Frau, die schwanger war, so eine Lust darauf hätte. Wenn sie keine bekäme, würde sie sterben. Da sprach die Zauberin: »Wenn das so ist, dann nimm so viel Rapunzeln mit, wie du willst. Aber eine Bedingung habe ich: Gib mir das Kind, das deine Frau zur Welt bringen wird. Ich will für es sorgen wie eine Mutter.«

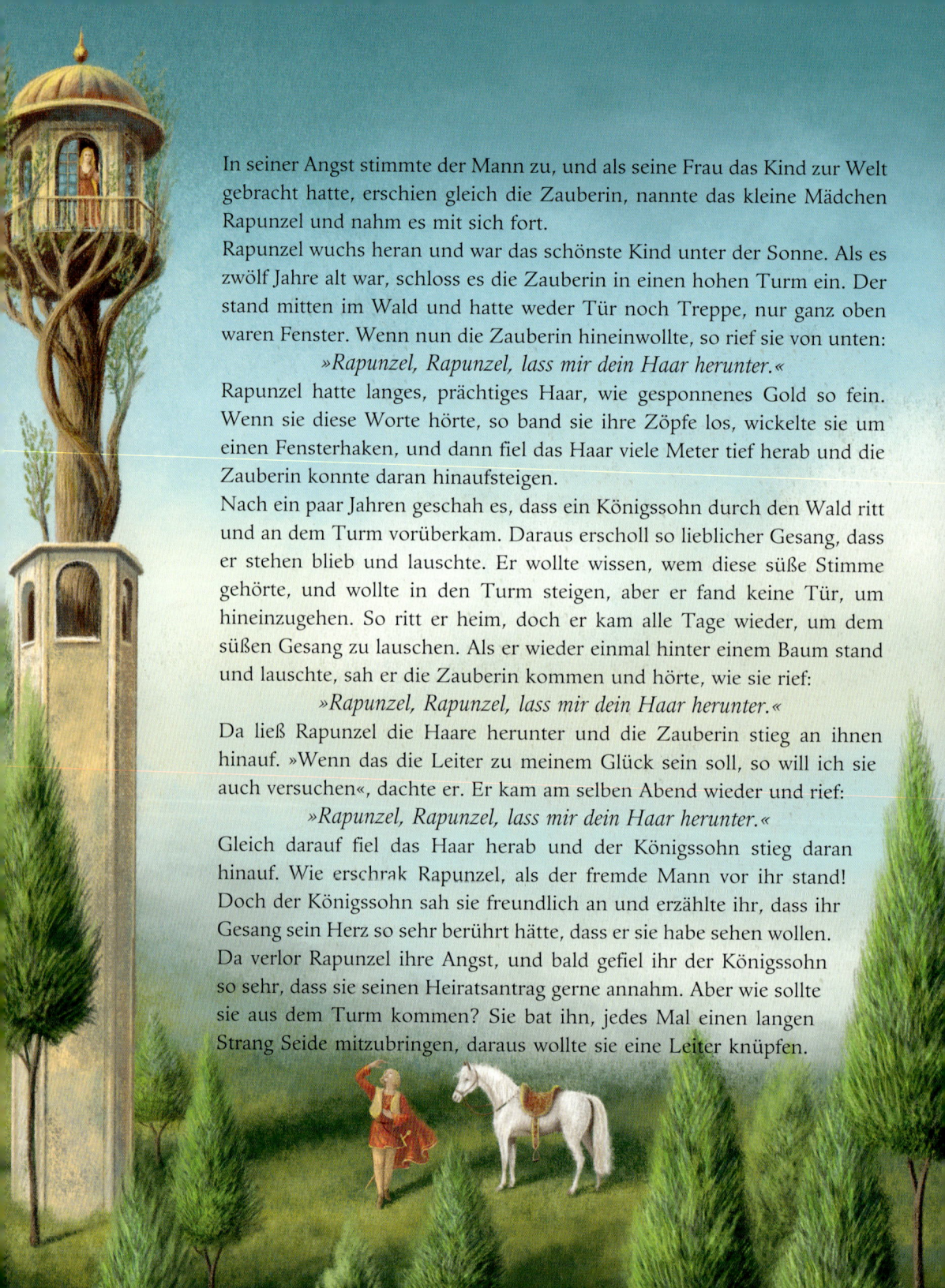

In seiner Angst stimmte der Mann zu, und als seine Frau das Kind zur Welt gebracht hatte, erschien gleich die Zauberin, nannte das kleine Mädchen Rapunzel und nahm es mit sich fort.

Rapunzel wuchs heran und war das schönste Kind unter der Sonne. Als es zwölf Jahre alt war, schloss es die Zauberin in einen hohen Turm ein. Der stand mitten im Wald und hatte weder Tür noch Treppe, nur ganz oben waren Fenster. Wenn nun die Zauberin hineinwollte, so rief sie von unten:

»Rapunzel, Rapunzel, lass mir dein Haar herunter.«

Rapunzel hatte langes, prächtiges Haar, wie gesponnenes Gold so fein. Wenn sie diese Worte hörte, so band sie ihre Zöpfe los, wickelte sie um einen Fensterhaken, und dann fiel das Haar viele Meter tief herab und die Zauberin konnte daran hinaufsteigen.

Nach ein paar Jahren geschah es, dass ein Königssohn durch den Wald ritt und an dem Turm vorüberkam. Daraus erscholl so lieblicher Gesang, dass er stehen blieb und lauschte. Er wollte wissen, wem diese süße Stimme gehörte, und wollte in den Turm steigen, aber er fand keine Tür, um hineinzugehen. So ritt er heim, doch er kam alle Tage wieder, um dem süßen Gesang zu lauschen. Als er wieder einmal hinter einem Baum stand und lauschte, sah er die Zauberin kommen und hörte, wie sie rief:

»Rapunzel, Rapunzel, lass mir dein Haar herunter.«

Da ließ Rapunzel die Haare herunter und die Zauberin stieg an ihnen hinauf. »Wenn das die Leiter zu meinem Glück sein soll, so will ich sie auch versuchen«, dachte er. Er kam am selben Abend wieder und rief:

»Rapunzel, Rapunzel, lass mir dein Haar herunter.«

Gleich darauf fiel das Haar herab und der Königssohn stieg daran hinauf. Wie erschrak Rapunzel, als der fremde Mann vor ihr stand! Doch der Königssohn sah sie freundlich an und erzählte ihr, dass ihr Gesang sein Herz so sehr berührt hätte, dass er sie habe sehen wollen. Da verlor Rapunzel ihre Angst, und bald gefiel ihr der Königssohn so sehr, dass sie seinen Heiratsantrag gerne annahm. Aber wie sollte sie aus dem Turm kommen? Sie bat ihn, jedes Mal einen langen Strang Seide mitzubringen, daraus wollte sie eine Leiter knüpfen.

Die Zauberin merkte lange Zeit nicht, dass Rapunzel jeden Abend Besuch bekam, bis Rapunzel eines Tages ohne zu überlegen zu ihr sagte: »Wie kommt es nur, dass Ihr, Frau Patin, so viel schwerer heraufzuziehen seid als der junge Königssohn, der ist in einem Augenblick oben.«

»Ach du gottloses Kind!«, rief da die Zauberin erbost. »Ich dachte, ich hätte dich vor aller Welt versteckt, doch du hast mich betrogen.« Und sie nahm eine Schere, und ritsch, ratsch schnitt sie Rapunzel die schönen Haare ab. Aber damit nicht genug, in ihrem Zorn brachte sie Rapunzel in eine öde, wilde Gegend, wo sie in großer Not leben musste. Dort brachte Rapunzel ihre Zwillinge, einen Knaben und ein Mädchen, zur Welt, die sie unter großer Mühe aufzog.

Am gleichen Abend aber, an dem sie Rapunzel verstoßen hatte, machte die Zauberin die abgeschnittenen Haare oben am Fensterhaken fest, und als der Königssohn kam und rief:

»Rapunzel, Rapunzel, lass mir dein Haar herunter«,

ließ sie ihn an den Haaren hinaufsteigen. Wie verzweifelt war er, als er statt seiner geliebten Rapunzel die Zauberin vorfand. Sie sah ihn mit giftigem Blick an und rief: »Du willst wohl dein Liebchen holen! Aber für dich ist Rapunzel verloren! Du wirst sie nie wiedersehen.« Da geriet der Königssohn außer sich vor Schmerz und sprang den Turm herunter. Er blieb zwar am Leben, aber die Dornen, in die er fiel, zerstachen ihm beide Augen. So irrte er blind im Wald umher, aß nur Wurzeln und Beeren und weinte um seine geliebte Frau. Nach Jahren kam er schließlich in die Wüstenei, wo Rapunzel kümmerlich mit ihren Kindern lebte. Als er ihre Stimme hörte, schien sie ihm so vertraut, dass er auf sie zuging. Als er näher kam, erkannte ihn Rapunzel und fiel ihm weinend um den Hals. Zwei ihrer Tränen benetzten seine Augen. Da wurden sie wieder klar und er konnte sehen wie früher. Er führte sie in sein Königreich, wo er mit Freuden empfangen wurde. Dort lebten sie mit ihren Kindern noch lange glücklich und vergnügt.

Rotkäppchen

Brüder Grimm

Es war einmal ein hübsches kleines Mädchen, das hatte jeder lieb, am allerliebsten aber hatte es seine Großmutter. Einmal schenkte sie dem Kind eine Kappe aus rotem Samt. Und weil es darin besonders hübsch aussah, wollte es keine andere Mütze mehr tragen. Da nannten es alle nur noch Rotkäppchen. Eines Tages sagte die Mutter zu ihm: »Großmutter ist krank und schwach. Bring ihr ein Stück Kuchen und eine Flasche Wein, das wird ihr guttun. Aber lauf nicht vom Weg ab, sonst fällst du noch, und die Flasche zerbricht, und die kranke Großmutter hat nichts davon.« – »Ich will schon aufpassen«, versprach Rotkäppchen und zog los.

Die Großmutter wohnte draußen im Wald. Als Rotkäppchen in den Wald kam, begegnete ihm der Wolf. »Guten Tag, Rotkäppchen«, sagte er. Und weil Rotkäppchen nicht wusste, was für ein böses Tier er war, wünschte es ihm auch einen guten Tag. »Wohin so früh, Rotkäppchen?«, fragte der Wolf. – »Ich gehe zur Großmutter, sie ist krank.« – »Was hast du im Korb?« – »Kuchen und Wein, das soll sie stärken.« – »Rotkäppchen, wo wohnt denn deine Großmutter?« – »Im Wald unter den drei großen Eichen steht ihr Haus«, sagte Rotkäppchen. Der Wolf aber dachte: »Die Alte wird ein guter Happen für mich. Und wenn ich es listig anfange, dann kann ich mir auch noch das junge Ding schnappen.«

Als er so neben Rotkäppchen herging, sagte er: »Hörst du die Vögel, wie lieblich sie singen? Und schau die schönen Blumen. Großmutter würde sich über einen Strauß freuen.« Und Rotkäppchen sagte: »Es ist noch früh, da kann ich rasch ein paar pflücken.« Und es lief vom Weg und pflückte eine Blume hier und eine dort, und so geriet es immer tiefer in den Wald. Der Wolf aber lief zum Haus der Großmutter und klopfte an die Tür. »Wer ist draußen?« – »Rotkäppchen. Ich bring dir Wein und Kuchen, mach auf.« – »Drück nur auf die Klinke«, rief die Großmutter, »ich bin zu schwach, ich kann nicht aufstehen.«

Der Wolf drückte auf die Klinke, die Tür sprang auf und er ging zum Bett der Großmutter und verschlang sie. Dann zog er ihre Kleider an, setzte ihre Nachthaube auf, legte sich ins Bett und zog die Vorhänge davor zu.

Als Rotkäppchen den Arm voll duftender Blumen hatte, machte es sich auf den Weg zur Großmutter. Es wunderte sich, dass die Tür aufstand, und als es in die Stube trat, kam ihm alles so seltsam vor. »Ich bin doch sonst so gerne zur Großmutter gegangen«, dachte es, »warum ist mir heute so bang?« Es ging zum Bett und zog die Vorhänge zurück. Da lag die Großmutter und hatte die Haube tief ins Gesicht gezogen und sah so wunderlich aus.

»Ei, Großmutter, was hast du für große Ohren?« – »Damit ich dich besser hören kann.« »Ei, Großmutter, was hast du für große Hände?« – »Damit ich dich besser packen kann.« – »Ei, Großmutter, was hast du für ein riesengroßes Maul?« – »Damit ich dich besser fressen kann.«

Und mit einem Satz sprang der Wolf aus dem Bett und verschlang das arme Rotkäppchen. Dann legte er sich wieder ins Bett und schlief ein.

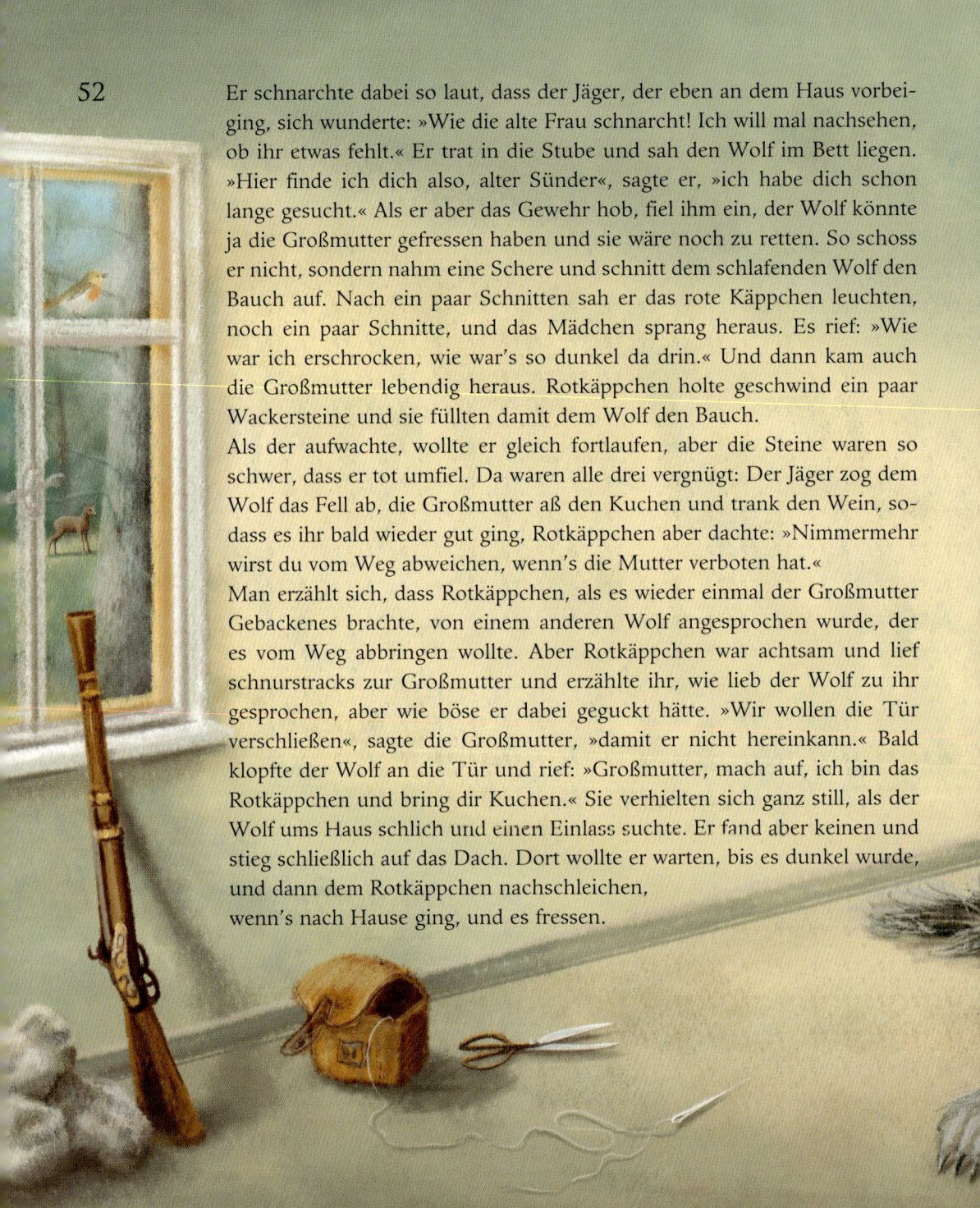

Er schnarchte dabei so laut, dass der Jäger, der eben an dem Haus vorbeiging, sich wunderte: »Wie die alte Frau schnarcht! Ich will mal nachsehen, ob ihr etwas fehlt.« Er trat in die Stube und sah den Wolf im Bett liegen. »Hier finde ich dich also, alter Sünder«, sagte er, »ich habe dich schon lange gesucht.« Als er aber das Gewehr hob, fiel ihm ein, der Wolf könnte ja die Großmutter gefressen haben und sie wäre noch zu retten. So schoss er nicht, sondern nahm eine Schere und schnitt dem schlafenden Wolf den Bauch auf. Nach ein paar Schnitten sah er das rote Käppchen leuchten, noch ein paar Schnitte, und das Mädchen sprang heraus. Es rief: »Wie war ich erschrocken, wie war's so dunkel da drin.« Und dann kam auch die Großmutter lebendig heraus. Rotkäppchen holte geschwind ein paar Wackersteine und sie füllten damit dem Wolf den Bauch.

Als der aufwachte, wollte er gleich fortlaufen, aber die Steine waren so schwer, dass er tot umfiel. Da waren alle drei vergnügt: Der Jäger zog dem Wolf das Fell ab, die Großmutter aß den Kuchen und trank den Wein, sodass es ihr bald wieder gut ging, Rotkäppchen aber dachte: »Nimmermehr wirst du vom Weg abweichen, wenn's die Mutter verboten hat.«

Man erzählt sich, dass Rotkäppchen, als es wieder einmal der Großmutter Gebackenes brachte, von einem anderen Wolf angesprochen wurde, der es vom Weg abbringen wollte. Aber Rotkäppchen war achtsam und lief schnurstracks zur Großmutter und erzählte ihr, wie lieb der Wolf zu ihr gesprochen, aber wie böse er dabei geguckt hätte. »Wir wollen die Tür verschließen«, sagte die Großmutter, »damit er nicht hereinkann.« Bald klopfte der Wolf an die Tür und rief: »Großmutter, mach auf, ich bin das Rotkäppchen und bring dir Kuchen.« Sie verhielten sich ganz still, als der Wolf ums Haus schlich und einen Einlass suchte. Er fand aber keinen und stieg schließlich auf das Dach. Dort wollte er warten, bis es dunkel wurde, und dann dem Rotkäppchen nachschleichen, wenn's nach Hause ging, und es fressen.

Nun hatte die Großmutter an diesem Tag viele Würste gekocht, und sie sagte zu Rotkäppchen: »Nimm einen Eimer und trag die Brühe von den Würsten in den Trog vor dem Haus.« Rotkäppchen lief und schüttete so lange Brühe in den Trog, bis er ganz voll war. Da stieg der Geruch dem Wolf in die Nase, und er machte den Hals lang, so lang, dass er vom Dach rutschte und in den tiefen Trog fiel und ertrank. Rotkäppchen aber ging am Abend fröhlich nach Hause und niemand tat ihm etwas zuleide.

Die Bremer Stadtmusikanten

Brüder Grimm

Es hatte ein Mann einen Esel, der hatte ihm schon viele Jahre die Säcke zur Mühle getragen. Doch nun verließen ihn die Kräfte, sodass er für die Arbeit nicht mehr zu gebrauchen war. Da wollte der Mann ihn loswerden, damit er sich das Futter sparen konnte. Der Esel merkte, was der Mann vorhatte, und lief fort. Er machte sich auf den Weg nach Bremen. Dort, so meinte er, könnte er ja Stadtmusikant werden.

Als er ein Weilchen gegangen war, sah er einen Jagdhund auf dem Weg liegen, der tüchtig nach Luft schnappte. »Was japst du so, Packan?«, fragte der Esel. »Ach«, sagte der Hund, »weil ich alt bin und weil ich zum Jagen nicht mehr tauge, wollte mich mein Herr totschlagen. Da habe ich Reißaus genommen. Aber wie soll ich nun mein Brot verdienen?« »Ich gehe nach Bremen und werde Stadtmusikant«, sagte der Esel, »komm doch mit. Ich spiele die Laute und du schlägst die Pauken.« Das gefiel dem Hund und so ging er mit. Es dauerte nicht lange, da trafen sie auf eine Katze, die machte ein Gesicht wie drei Tage Regen. »Was ist dir denn in die Quere gekommen?«, fragte der Esel. »Weil ich alt geworden bin und meine Zähne stumpf werden und weil ich lieber am Ofen sitze, statt Mäuse zu jagen, hat mich meine Frau ersäufen wollen«, sagte die Katze. »Ich bin zwar abgehauen, doch nun weiß ich nicht, wohin ich gehen soll.«

»Geh mit uns nach Bremen«, sagte der Esel. »Du verstehst doch was von Nachtmusik, da kannst du ein Stadtmusikant werden.« Das fand die Katze gut und sie ging mit. Darauf kamen die drei an einem Bauernhof vorbei, da saß der Hahn auf dem Tor und schrie aus Leibeskräften. »Was schreist du so?«, fragte der Esel. »Da hab ich gutes Wetter prophezeit«, sprach der Hahn, »aber weil morgen zum Sonntag Gäste kommen, soll die Köchin Suppe aus mir machen. Nun schrei ich, solange ich noch kann.« »Ach was, Rotkopf«, sagte der Esel, »zieh lieber mit uns fort, wir gehen nach Bremen. Etwas Besseres als den Tod findest du überall. Du hast eine gute Stimme,

und wenn wir dann zusammen musizieren, wird das herrlich sein.« Der Hahn fand den Vorschlag gut, und so gingen alle viere fort.

Bremen war noch weit weg, und so wollten sie in einem Wald übernachten. Der Esel und der Hund legten sich unter einen Baum, die Katze kletterte in seine Äste, der Hahn aber flog bis in die Spitze, wo es am sichersten für ihn war. Da sah er ein Licht in der Ferne, und er rief seinen Gesellen zu, dass da ein Haus sein müsse. »Dann lasst uns hingehen«, sprach der Esel, »denn hier kann man schlecht schlafen.« Also machten sie sich auf. Das Licht wurde immer größer, bis sie vor einem hell erleuchteten Räuberhaus standen. Der Esel, als der Größte, ging vorsichtig zum Fenster und schaute hinein. »Ich sehe einen gedeckten Tisch mit Essen und Trinken. Räuber sitzen daran und lassen es sich schmecken«, sagte er. »Das wäre auch was für uns«, sagte der Hahn. So berieten die Tiere, wie sie die Räuber hinaus-jagen könnten. Und endlich fassten sie einen Plan. Der Esel musste sich mit den Vorderfüßen auf das Fensterbrett stellen, der Hund auf des Esels Rücken springen, die Katze auf den Hund klettern und zum Schluss flog der Hahn auf den Kopf der Katze. Und dann fingen sie an, ihre Musik zu machen: Der Esel schrie, der Hund bellte, die Katze miaute und der Hahn krähte. Dann stürzten sie durch das Fenster in die Stube hinein. Die Räuber sprangen bei dem entsetzlichen Geschrei auf, denn sie dachten, ein Gespenst käme herein, und flohen in den Wald. Nun setzten sich die vier Gesellen an den Tisch und aßen, als wenn sie die nächsten Wochen nichts mehr bekämen.

Als sie satt waren, löschten sie das Licht und suchten sich einen Platz zum Schlafen, jeder nach seiner Natur und Bequemlichkeit. Der Esel legte sich draußen auf den Mist, der Hund hinter die Tür, die Katze an den warmen Herd und der Hahn setzte sich auf einen Balken. Weil sie satt und müde waren, schliefen sie auch bald ein.

Als die Räuber um Mitternacht sahen, dass kein Licht mehr im Haus brann-te, schickte der Hauptmann einen los, der das Haus untersuchen sollte. Der schlich leise hin, und als er alles ruhig vorfand, ging er in die Küche.

Weil er aber die glühenden Augen der Katze für feurige Kohlen hielt, wollte er ein Hölzchen daran anzünden. Doch die Katze verstand keinen Spaß, sie sprang ihm ins Gesicht, fauchte und kratzte. Da erschrak er gewaltig und wollte zur Hintertür wieder hinaus. Doch da lag der Hund. Der biss ihn ins Bein. Der Räuber rannte über den Hof, an dem Mist vorbei, und da gab ihm der Esel einen tüchtigen Tritt mit dem Hinterfuß; der Hahn aber, von dem Lärm geweckt, schrie aus Leibeskräften: »Kikeriki!«

Da lief der Räuber was er konnte zu seinem Hauptmann und sagte: »In dem Haus sitzt eine gräuliche Hexe, die hat mir mit ihren Fingern das Gesicht zerkratzt. Vor der Tür hat mir ein Mann mit einem Messer ins Bein gestochen. Auf dem Hof liegt ein Ungetüm, das hat mit einer Holzkeule auf mich losgeschlagen, und auf dem Dach sitzt der Richter, der rief: ›Bringt mir den Schelm!‹ Da machte ich, dass ich fortkam.« Da getrauten sich die Räuber nicht mehr zum Haus zurück; den vier Bremer Stadtmusikanten gefiel es aber so gut darin, dass sie nicht wieder heraus wollten.

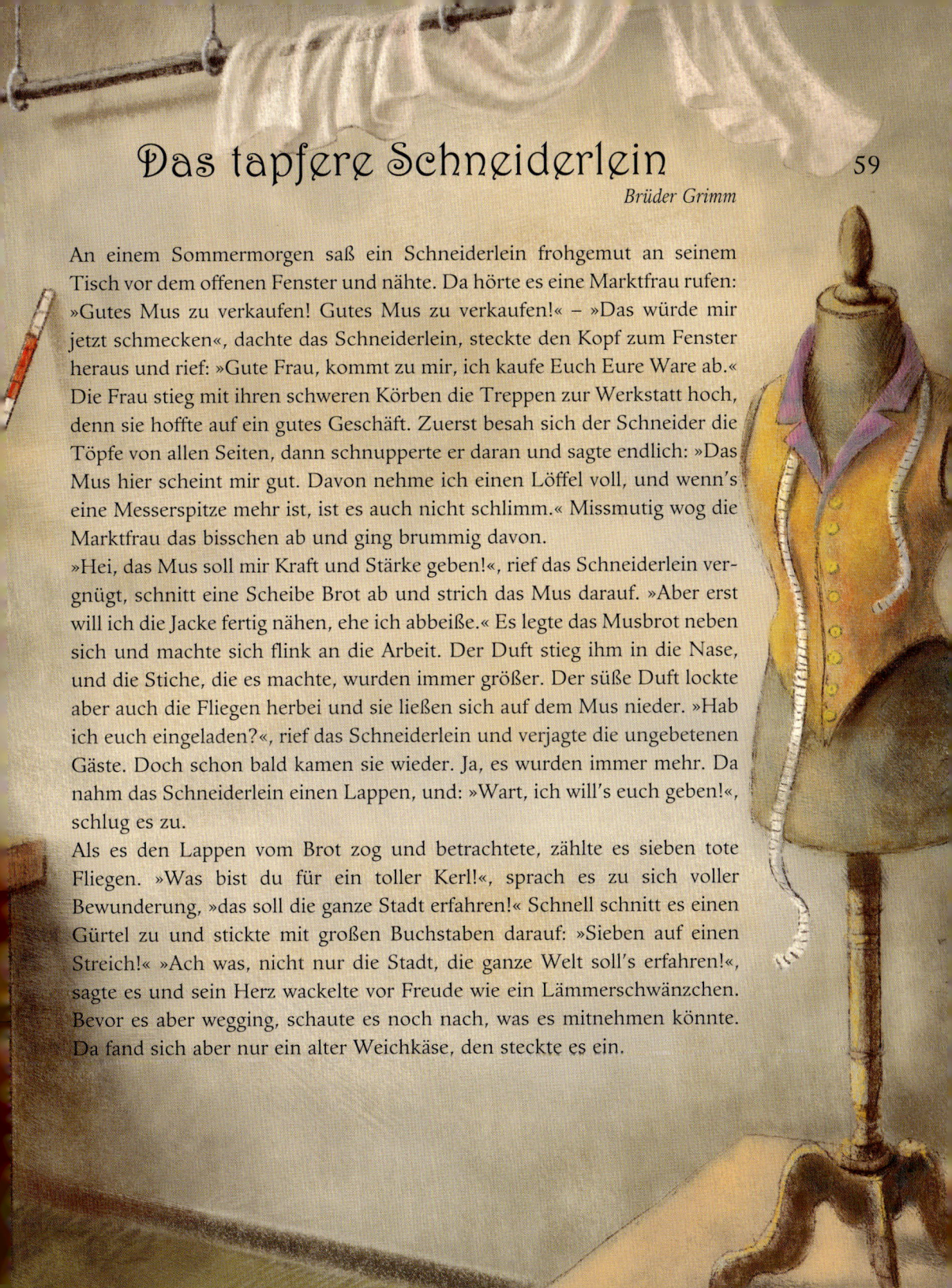

Das tapfere Schneiderlein

Brüder Grimm

An einem Sommermorgen saß ein Schneiderlein frohgemut an seinem Tisch vor dem offenen Fenster und nähte. Da hörte es eine Marktfrau rufen: »Gutes Mus zu verkaufen! Gutes Mus zu verkaufen!« – »Das würde mir jetzt schmecken«, dachte das Schneiderlein, steckte den Kopf zum Fenster heraus und rief: »Gute Frau, kommt zu mir, ich kaufe Euch Eure Ware ab.« Die Frau stieg mit ihren schweren Körben die Treppen zur Werkstatt hoch, denn sie hoffte auf ein gutes Geschäft. Zuerst besah sich der Schneider die Töpfe von allen Seiten, dann schnupperte er daran und sagte endlich: »Das Mus hier scheint mir gut. Davon nehme ich einen Löffel voll, und wenn's eine Messerspitze mehr ist, ist es auch nicht schlimm.« Missmutig wog die Marktfrau das bisschen ab und ging brummig davon.

»Hei, das Mus soll mir Kraft und Stärke geben!«, rief das Schneiderlein vergnügt, schnitt eine Scheibe Brot ab und strich das Mus darauf. »Aber erst will ich die Jacke fertig nähen, ehe ich abbeiße.« Es legte das Musbrot neben sich und machte sich flink an die Arbeit. Der Duft stieg ihm in die Nase, und die Stiche, die es machte, wurden immer größer. Der süße Duft lockte aber auch die Fliegen herbei und sie ließen sich auf dem Mus nieder. »Hab ich euch eingeladen?«, rief das Schneiderlein und verjagte die ungebetenen Gäste. Doch schon bald kamen sie wieder. Ja, es wurden immer mehr. Da nahm das Schneiderlein einen Lappen, und: »Wart, ich will's euch geben!«, schlug es zu.

Als es den Lappen vom Brot zog und betrachtete, zählte es sieben tote Fliegen. »Was bist du für ein toller Kerl!«, sprach es zu sich voller Bewunderung, »das soll die ganze Stadt erfahren!« Schnell schnitt es einen Gürtel zu und stickte mit großen Buchstaben darauf: »Sieben auf einen Streich!« »Ach was, nicht nur die Stadt, die ganze Welt soll's erfahren!«, sagte es und sein Herz wackelte vor Freude wie ein Lämmerschwänzchen. Bevor es aber wegging, schaute es noch nach, was es mitnehmen könnte. Da fand sich aber nur ein alter Weichkäse, den steckte es ein.

Vor dem Haus hatte sich ein Vogel im Gestrüpp verfangen, der wanderte zu dem Käse in die Tasche. Nun lief es mit dem Gürtel um den Bauch frohgemut los. Der Weg führte es über einen Berg, und als es den höchsten Gipfel erreicht hatte, saß da ein gewaltiger Riese. Das Schneiderlein ging ohne Angst auf ihn zu und sagte: »Guten Tag, Kamerad, was sitzt du da und schaust dir die Gegend an? Komm mit mir in die Welt.« Der Riese sah verächtlich auf das Schneiderlein herab und sagte: »Was willst du, kleiner Lump?« – »Was heißt hier Lump«, antwortete das Schneiderlein und knöpfte die Jacke auf und zeigte dem Riesen seinen Gürtel. Als der Riese »Sieben auf einen Streich!« las, meinte er, es wären Menschen gewesen, und sagte: »Alle Achtung. Aber kannst du auch das hier?« Er nahm einen Stein in die Hand und drückte so fest zu, dass Wasser heraustropfte. »Wenn's weiter nichts ist«, antwortete das Schneiderlein. Es nahm den alten Weichkäse aus der Tasche und drückte ihn so zusammen, dass der Saft herauslief. Da wusste der Riese nichts mehr zu sagen.

Er nahm einen Stein und warf ihn hoch in die Luft, so hoch, dass man ihn kaum noch sehen konnte. »Na, du Wicht, das mach mir mal nach.« – »Gut geworfen«, sagte das Schneiderlein, »aber der Stein musste doch wieder zur Erde zurückfallen. Ich werde dir einen so hoch werfen, dass er nicht mehr zurückkommt.« Es griff in die Tasche, nahm den Vogel und warf ihn blitzschnell in die Luft. Der Vogel, froh über seine Freiheit, stieg hoch und immer höher und ward bald nicht mehr gesehen.

»Also werfen kannst du auch«, sagte der Riese beeindruckt, »aber jetzt wollen wir mal sehen, ob du auch stark genug bist.« Er zeigte auf eine gefällte Eiche, die unweit am Boden lag. »Hilf mir, den Baum aus dem Wald zu tragen.« – »Gern«, antwortete der Schneider, »nimm du vorne den Stamm, das ist leichter, ich will die Äste mit den Zweigen tragen, das ist viel schwerer.« Der Riese nahm also den Stamm auf die Schultern, der Schneider aber setzte sich hinten auf einen Ast und ließ sich von dem Riesen fortschleppen. Da sich der Riese nicht umdrehen konnte, sah er nicht, was hinter ihm geschah, er hörte nur den Schneider lustige Liedlein pfeifen, als sei das Bäumeschleppen die leichteste Sache der Welt.

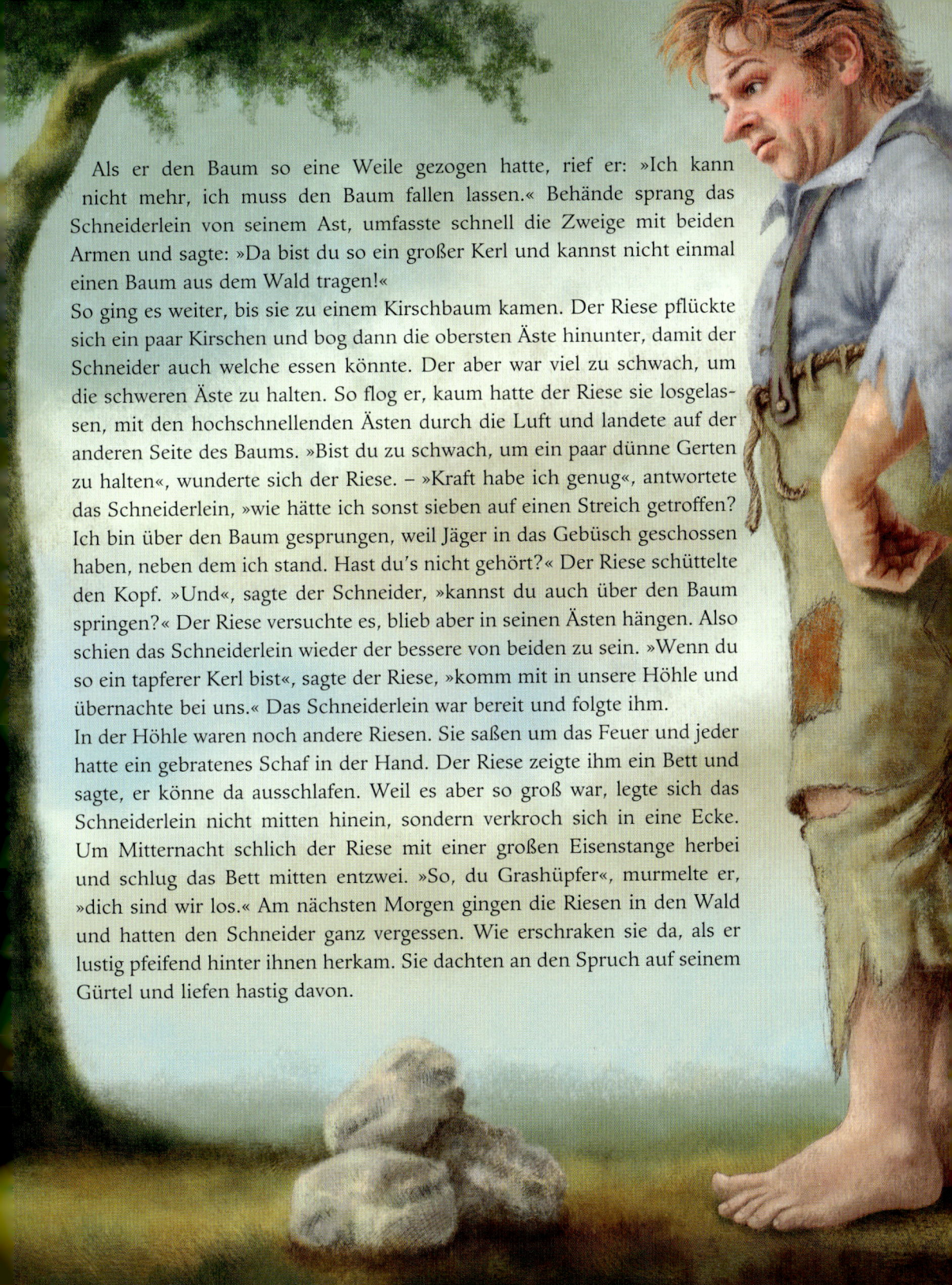

Als er den Baum so eine Weile gezogen hatte, rief er: »Ich kann nicht mehr, ich muss den Baum fallen lassen.« Behände sprang das Schneiderlein von seinem Ast, umfasste schnell die Zweige mit beiden Armen und sagte: »Da bist du so ein großer Kerl und kannst nicht einmal einen Baum aus dem Wald tragen!«

So ging es weiter, bis sie zu einem Kirschbaum kamen. Der Riese pflückte sich ein paar Kirschen und bog dann die obersten Äste hinunter, damit der Schneider auch welche essen könnte. Der aber war viel zu schwach, um die schweren Äste zu halten. So flog er, kaum hatte der Riese sie losgelassen, mit den hochschnellenden Ästen durch die Luft und landete auf der anderen Seite des Baums. »Bist du zu schwach, um ein paar dünne Gerten zu halten«, wunderte sich der Riese. – »Kraft habe ich genug«, antwortete das Schneiderlein, »wie hätte ich sonst sieben auf einen Streich getroffen? Ich bin über den Baum gesprungen, weil Jäger in das Gebüsch geschossen haben, neben dem ich stand. Hast du's nicht gehört?« Der Riese schüttelte den Kopf. »Und«, sagte der Schneider, »kannst du auch über den Baum springen?« Der Riese versuchte es, blieb aber in seinen Ästen hängen. Also schien das Schneiderlein wieder der bessere von beiden zu sein. »Wenn du so ein tapferer Kerl bist«, sagte der Riese, »komm mit in unsere Höhle und übernachte bei uns.« Das Schneiderlein war bereit und folgte ihm.

In der Höhle waren noch andere Riesen. Sie saßen um das Feuer und jeder hatte ein gebratenes Schaf in der Hand. Der Riese zeigte ihm ein Bett und sagte, er könne da ausschlafen. Weil es aber so groß war, legte sich das Schneiderlein nicht mitten hinein, sondern verkroch sich in eine Ecke. Um Mitternacht schlich der Riese mit einer großen Eisenstange herbei und schlug das Bett mitten entzwei. »So, du Grashüpfer«, murmelte er, »dich sind wir los.« Am nächsten Morgen gingen die Riesen in den Wald und hatten den Schneider ganz vergessen. Wie erschraken sie da, als er lustig pfeifend hinter ihnen herkam. Sie dachten an den Spruch auf seinem Gürtel und liefen hastig davon.

Das Schneiderlein zog munter weiter, bis es an einen königlichen Palast kam, und weil es müde war, legte es sich ins Gras und schlief ein.

Wie es so dalag, kamen Leute und lasen, was auf seinem Gürtel stand: »Sieben auf einen Streich!« Sofort meldeten sie dem König, dass draußen ein großer Kriegsheld läge, den dürfe man auf keinen Fall fortlassen. Der König fand den Rat sehr gut, und seine Diener mussten neben dem Schläfer wachen, bis er ausgeschlafen hatte. Dann boten sie ihm an, in den königlichen Dienst zu treten. »Ja«, antwortete das Schneiderlein, »deshalb bin ich ja hergekommen.« Den königlichen Kriegsleuten aber war ihr neuer Kamerad gar nicht recht. »Was ist, wenn wir mal Streit mit ihm kriegen?«, fragten sie untereinander, »dann haut er sogleich sieben von uns um.« Nein, so wollten sie nicht leben. Sie gingen zum König und baten um ihren Abschied. Der König war darüber traurig, denn er wollte nicht alle seine treuen Diener verlieren. Da wäre er lieber den neuen wieder losgeworden, aber wie? Wenn er ihn entließe, so fürchtete er, würde der ihn totschlagen und dazu das halbe Volk und sich selber auf den Thron setzen.

Nachdem er so hin und her überlegt hatte, fand er eine Lösung. Er ließ das Schneiderlein kommen und bot ihm einen Handel an: Im Wald lebten zwei fürchterliche Riesen, die mit Rauben und Morden schon viel Schlimmes angerichtet hatten. Er als Kriegsheld wäre sicher imstande, die beiden Riesen zu überwinden. Wenn er das schaffe, so wollte er, der König, ihm seine Tochter zur Frau geben und das halbe Königreich noch dazu. Hundert Reiter bekäme er mit, die sollten ihm beistehen. »Na, das wäre genau das richtige Abenteuer für mich«, dachte das Schneiderlein, »und eine schöne Königstochter mitsamt einem halben Königreich bekommst du nicht alle Tage angeboten.« Also sagte es zu, aber die hundert Reiter sollten ruhig zu Hause bleiben, »denn«, so sagte es zum König, »wer sieben auf einen Streich trifft, hat keine Angst vor zweien.«

Am nächsten Tag zog das Schneiderlein los. Die Reiter aber blieben auf seinen Befehl hin am Waldrand zurück. Dann sprang es in den Wald, und es brauchte auch nicht lange zu suchen, da erblickte es die beiden Riesen. Sie lagen unter einem Baum und schliefen und schnarchten dabei,

dass sich die Äste des Baumes auf und nieder bogen. Der Schneider stopfte sich leise seine Taschen voll Steine und stieg dann auf den Baum, setzte sich auf einen Ast direkt über den Schläfern und ließ einen Stein nach dem anderen dem einen Riesen auf die Brust fallen. Lange merkte der Schläfer nichts, doch dann wachte er auf, stieß seinen Gesellen an und sprach: »Was schlägst du mich?« – »Du träumst«, erwiderte der andere. So schliefen beide wieder ein. Nun ließ der Schneider einen Stein auf die Brust des anderen fallen. »He, was soll das?«, rief der ärgerlich, »warum bewirfst du mich mit Steinen?« – »Ich bewerfe dich nicht«, brummte der erste unwirsch. So stritten sie eine Weile, doch weil sie müde waren, schliefen sie wieder ein.

Nun warf der Schneider seinen dicksten Stein mit aller Kraft auf den ersten Riesen. »Jetzt reicht's!«, schrie der, sprang auf, packte seinen Gesellen am Schlafittchen und stieß ihn gegen den Baum. Das ließ der sich nicht gefallen und boxte zurück. Sie gerieten in solche Wut, dass sie Bäume ausrissen und aufeinander losschlugen. Und das ging so lange, bis sie endlich beide zugleich tot umfielen. Da lachte das Schneiderlein und sagte: »Wie gut, dass sie nicht den Baum genommen haben, auf dem ich saß! Sonst hätte ich wie ein Eichhörnchen auf einen anderen springen müssen.« Es zog sein Schwert, gab den beiden noch ein paar Hiebe über die Brust und ging zu den Reitern. »Die Arbeit ist getan«, sagte es. »Es ist hart hergegangen und sie haben Bäume ausgerissen und sich gewehrt, doch das hilft alles nichts, wenn einer kommt wie ich, der sieben auf einen Streich erschlägt.« Die Reiter wollten ihm nicht glauben und ritten in den Wald. Da fanden sie die Riesen in ihrem Blute liegen und ringsumher ausgerissene Bäume. Wie staunten sie da über seine Heldentat.

Das Schneiderlein dachte nun, der König gäbe ihm die verdiente Belohnung, doch der bereute schon sein Versprechen. »Ehe du meine Tochter und das halbe Reich erhältst«, sprach er, »musst du noch das Einhorn, das im Wald viel Unheil anrichtet, fangen.« – »Vor einem Einhorn fürchte ich mich noch weniger als vor zwei Riesen«, sagte der Schneider.

Er nahm einen Strick und eine Axt und zog los. Wieder mussten die Reiter am Waldrand auf ihn warten. Als er tief im Wald war, sprang plötzlich das Einhorn mit gesenktem Kopf auf ihn zu. »Nicht so hastig«, sagte der Schneider, blieb neben einem Baum stehen und wartete, bis das Einhorn dicht vor ihm war. Dann sprang er blitzschnell hinter den Baum. Das Einhorn rannte gegen den Stamm und rammte dabei sein Horn tief hinein. Jetzt war es gefangen und der Schneider legte ihm in aller Ruhe den Strick um den Hals. Dann hieb er das Horn ab und führte das gefangene Tier vor den König.

Doch auch diesmal verweigerte der König den versprochenen Lohn und forderte eine dritte Heldentat. Der Schneider solle vor der Hochzeit ein Wildschwein fangen, das im Wald großen Schaden anrichtete. »Aber gerne«, war die Antwort des Schneiderleins, »was ist schon ein Wildschwein gegen ein Einhorn.« Wieder ließ es die Jäger am Waldrand zurück, und die waren froh darüber, denn sie hatten schon schlechte Erfahrung mit dem wütenden Tier gemacht.

Kaum hatte das Wildschwein den Schneider erblickt, rannte es mit schäumendem Maul auf ihn zu. Wie gut, dass eine Kapelle in der Nähe stand. Das Schneiderlein sprang hinein und sofort oben zum kleinen Fenster wieder hinaus. Derweil war das Schwein hinter ihm her in die Kapelle gerannt. Nun hüpfte der Schneider um die Kapelle und schlug die Tür von außen zu. Jetzt war das Untier gefangen. Das Schneiderlein holte nun die Jäger, damit sie seine Heldentat sähen, es selbst aber ging zum König, und der musste jetzt sein Versprechen halten, ob er wollte oder nicht. Hätte er gewusst, dass kein Kriegsheld, sondern ein armes Schneiderlein vor ihm stand, so hätte er sich sicher noch mehr geärgert.

Es wurde Hochzeit gefeiert. Die Freude von König und Braut war klein, die des Schneiders aber übergroß, denn jetzt war er König. Nach einiger Zeit hörte die junge Königin ihren Gemahl im Traum sagen: »Junge, bügel die Jacke und flick mir die Hose oder es setzt ein paar Ohrfeigen.« Da merkte sie, wo ihr Gemahl herkam, und sie bat ihren Vater, ihr den Schneider vom Hals zu schaffen. Der alte König tröstete sie und sagte: »Lass in der Nacht die Schlafzimmertür offen. Dann werden ihn meine Diener, sobald er eingeschlafen ist, fesseln und auf ein Schiff bringen, das ganz weit weg segelt.« Ein junger Waffenträger aber hatte alles mitangehört. Und weil er den jungen Herrn mochte, erzählte er ihm von dem geplanten Anschlag. »Dem werd ich einen Riegel vorschieben«, sagte das Schneiderlein.

Am Abend legte es sich wie gewöhnlich ins Bett, und als seine Frau dachte, es schliefe, wollte sie leise die Wachen hereinholen. Da rief das Schneiderlein: »Junge, bügel die Jacke und flick mir die Hose oder es setzt ein paar Ohrfeigen. Ich habe sieben auf einen Streich getroffen, zwei Riesen getötet, ein Einhorn fortgeführt und ein Wildschwein gefangen. Sollte ich mich da vor denen fürchten, die draußen vor der Tür stehen?« Als das die Wachen hörten, bekamen sie Angst und liefen davon. Keiner wollte sich mehr an ihm vergreifen. So war und blieb das Schneiderlein König, sein Leben lang.

Hänsel und Gretel

Brüder Grimm

Vor einem großen Wald wohnte ein armer Holzhacker. Er konnte kaum das tägliche Brot für seine Frau und seine beiden Kinder, Hänsel und Gretel, herbeischaffen. Bald wusste er nicht mehr weiter. Da sprach am Abend, als er vor Sorge nicht einschlafen konnte, seine Frau zu ihm: »Lass uns morgen mit den Kindern in den Wald gehen. Dort geben wir jedem ein Stückchen Brot, machen ein Feuer und lassen sie dann allein, denn wir können sie nicht länger ernähren.« – »Das bringe ich nicht übers Herz«, sagte der Mann, »im Wald leben wilde Tiere, sie werden meine lieben Kinder zerreißen.« – »Nun«, sagte die Frau, »wenn du es nicht tust, dann müssen wir alle vor Hunger sterben.« So drängte sie, bis der Mann einwilligte.

Die beiden Kinder hatten vor Hunger nicht schlafen können, und so hörten sie alles. Gretel fing an zu weinen, aber Hänsel sagte: »Weine nicht, Gretel, ich will uns helfen.« Und als Vater und Stiefmutter schliefen, stand er auf, öffnete leise die Tür und schlich hinaus. Draußen schien hell der Mond, und in seinem Licht glänzten die weißen Kieselsteine wie blank geputzte Taler. Hänsel bückte sich und steckte so viele in die Taschen, wie nur hineingingen. Dann ging er zu Gretel zurück und sagte: »Hab keine Angst mehr. Schlaf nur ruhig ein.«

Früh am Morgen weckte die Stiefmutter die beiden: »Steht auf, wir wollen in den Wald gehen und Holz holen. Hier hat jeder noch ein Stück Brot.« Da Hänsels Taschen voll Kieselsteine waren, nahm Gretel auch sein Brot und steckte es in ihre Schürzentasche. Als sie ein Weilchen gegangen waren, blieb Hänsel stehen und schaute zurück. Das tat er immer wieder. Da fragte der Vater: »Hänsel, was guckst du immer zurück? Pass lieber auf den Weg auf.« – »Ach Vater«, sagte Hänsel, »ich seh mein weißes Kätzchen. Es sitzt auf dem Dach und will mir Ade sagen.« – »Unsinn«, sagte die Mutter, »das ist nicht dein Kätzchen, das ist die Morgensonne, die auf den Schornstein scheint.« Aber Hänsel hatte nicht nach dem Kätzchen gesehen, sondern heimlich immer wieder einen blanken Kieselstein auf den Weg geworfen.

Als sie tief im Wald waren, sagte der Vater: »Nun sammelt Holz. Ich will ein Feuer machen, damit ihr nicht friert.« So sammelten Hänsel und Gretel Reisig, bis sie einen kleinen Berg zusammenhatten. Den steckte der Vater an. Als das Feuer richtig warm machte, sagte die Mutter: »Ruht euch aus. Wir wollen derweil Holz schlagen. Wartet hier, bis wir euch abholen.« Hänsel und Gretel setzten sich ans Feuer und warteten. Als es Mittag wurde, aß jeder sein Stückchen Brot. Sie hörten in der Ferne das Schlagen einer Axt und glaubten, dass es der Vater sei. Doch es war ein trockener Ast, den er an einen Baum gebunden hatte und den der Wind jetzt hin und her schlug. So warteten sie bis zum Abend, aber niemand kam, um sie abzuholen. Als es stockfinster war, fing Gretel an zu weinen, aber Hänsel tröstete sie: »Warte, bis der Mond scheint.«

Als der Mond am Himmel stand, schimmerten in seinem Licht die Kieselsteine wie blanke Taler und zeigten ihnen den Weg. Hänsel nahm Gretel an der Hand, und sie gingen die Nacht hindurch, bis sie am anderen Morgen beim Haus ihres Vaters ankamen. Der Vater freute sich, als er die beiden so wohlbehalten wiedersah. Die Stiefmutter tat auch so, als ob sie sich freute, aber insgeheim war sie verärgert über die Rückkehr der Kinder. Nicht lange danach war die Not wieder groß. Da hörten die Kinder, wie die Stiefmutter nachts zum Vater sagte: »Die Kinder müssen fort, sonst sterben wir alle vor Hunger.« Der Vater dachte: »Lieber würde ich den letzten Bissen mit den Kindern teilen«, aber die Mutter ließ ihm keine Ruhe. Wieder wollte Hänsel Kieselsteine sammeln gehen, aber diesmal hatte die Mutter die Tür verschlossen. Am nächsten Morgen bekam jeder ein Stückchen Brot, und das war noch kleiner als das letzte Mal. Beim Gehen zerbröselte Hänsel sein Stückchen in der Hosentasche und warf immer wieder ein Bröckchen auf den Weg. »Warum bleibst du so oft stehen und schaust dich um?«, fragte der Vater. – »Mein Täubchen sitzt auf dem Dach und will mir Ade sagen«, sagte Hänsel. »Unsinn«, schalt die Mutter, »das ist die Morgensonne, die auf den Schornstein scheint.«

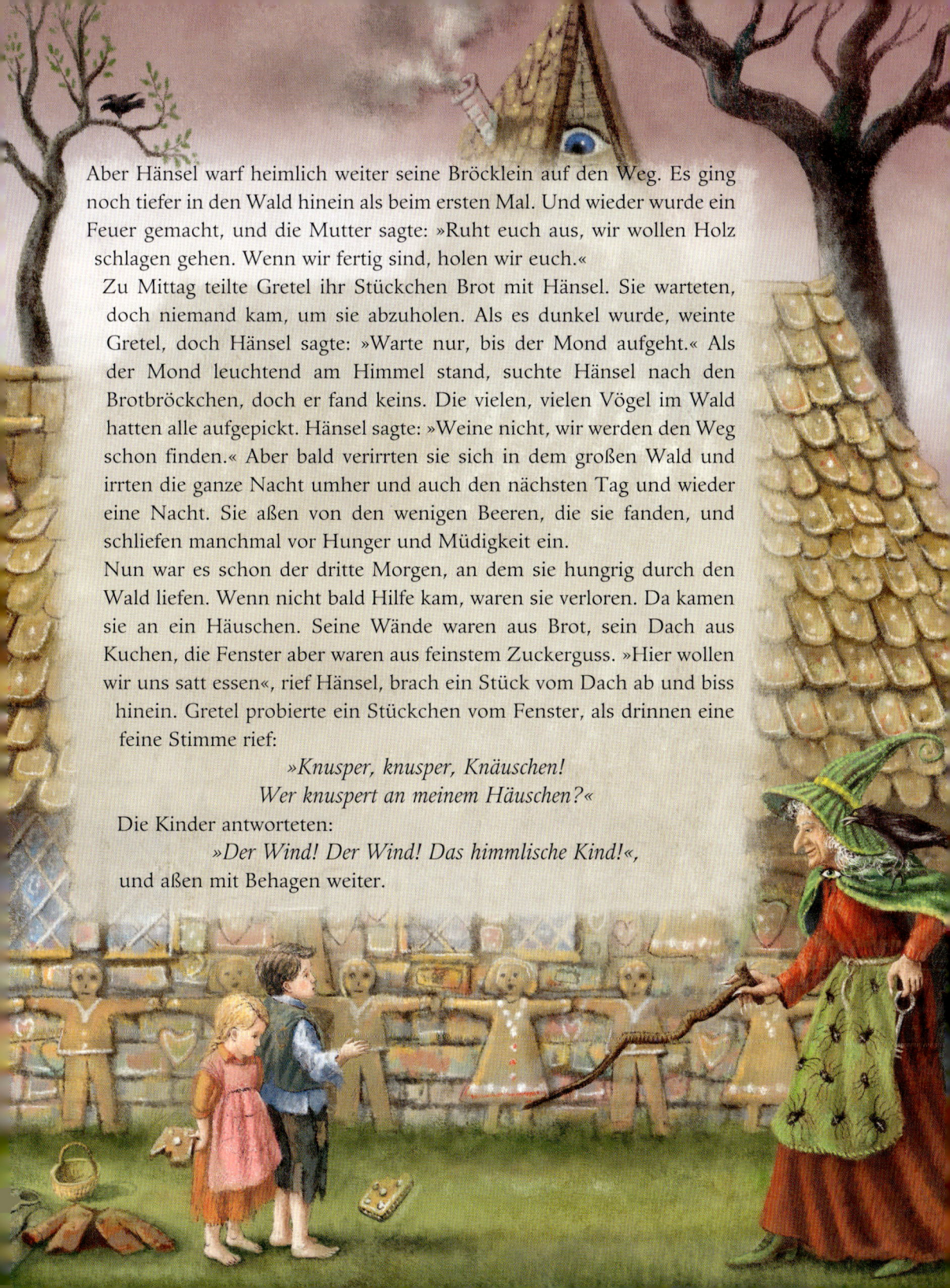

Aber Hänsel warf heimlich weiter seine Bröcklein auf den Weg. Es ging noch tiefer in den Wald hinein als beim ersten Mal. Und wieder wurde ein Feuer gemacht, und die Mutter sagte: »Ruht euch aus, wir wollen Holz schlagen gehen. Wenn wir fertig sind, holen wir euch.«

Zu Mittag teilte Gretel ihr Stückchen Brot mit Hänsel. Sie warteten, doch niemand kam, um sie abzuholen. Als es dunkel wurde, weinte Gretel, doch Hänsel sagte: »Warte nur, bis der Mond aufgeht.« Als der Mond leuchtend am Himmel stand, suchte Hänsel nach den Brotbröckchen, doch er fand keins. Die vielen, vielen Vögel im Wald hatten alle aufgepickt. Hänsel sagte: »Weine nicht, wir werden den Weg schon finden.« Aber bald verirrten sie sich in dem großen Wald und irrten die ganze Nacht umher und auch den nächsten Tag und wieder eine Nacht. Sie aßen von den wenigen Beeren, die sie fanden, und schliefen manchmal vor Hunger und Müdigkeit ein.

Nun war es schon der dritte Morgen, an dem sie hungrig durch den Wald liefen. Wenn nicht bald Hilfe kam, waren sie verloren. Da kamen sie an ein Häuschen. Seine Wände waren aus Brot, sein Dach aus Kuchen, die Fenster aber waren aus feinstem Zuckerguss. »Hier wollen wir uns satt essen«, rief Hänsel, brach ein Stück vom Dach ab und biss hinein. Gretel probierte ein Stückchen vom Fenster, als drinnen eine feine Stimme rief:

>»Knusper, knusper, Knäuschen!
>Wer knuspert an meinem Häuschen?«

Die Kinder antworteten:

>»Der Wind! Der Wind! Das himmlische Kind!«,

und aßen mit Behagen weiter.

70

Da ging die Tür auf und eine steinalte Frau auf einen Stock gestützt schlurfte heraus. Vor Schreck ließen Hänsel und Gretel alles fallen. Die Alte aber wackelte mit dem Kopf und sprach: »Ei, ihr lieben Kinder, kommt nur herein, ihr sollt es gut bei mir haben.« Sie nahm die beiden bei den Händen und führte sie ins Häuschen. Da gab es lauter gute Sachen: Milch und Pfannkuchen mit Zucker, Äpfel und Nüsse. Später machte die Alte ihnen zwei weiche Bettchen, und als Hänsel und Gretel darin lagen, meinten sie, im Himmel könnte es nicht schöner sein.

Aber die Alte hatte sich nur verstellt; sie war eine böse Hexe, die Kinder mit ihrem Brothäuschen anlockte. Wenn eins in ihre Nähe kam, machte sie es tot, kochte es und aß es, und das war für sie ein Festtag. Sie lachte boshaft, als sie am nächsten Morgen die beiden in ihren Bettchen schlafen sah: »Das wird ein guter Bissen werden.« Dann packte sie Hänsel und sperrte ihn in einen kleinen Stall. Gretel aber befahl sie: »Hol Wasser und geh in die Küche. Koch etwas Gutes für deinen Bruder, denn ich will ihn hübsch fett machen; und dann will ich ihn essen.« Gretel mochte weinen und bitten, so viel sie wollte, es half nichts, sie musste tun, was die Hexe sagte. Nun wurde für Hänsel das beste Essen gekocht, Gretel aber bekam nur ein paar alte Reste. Jeden Morgen schlich die Hexe vor das Gitter und rief: »Hänsel, streck deinen Finger heraus, damit ich fühle, ob du bald fett genug bist.« Doch Hänsel streckte ihr ein Hühnerknöchelchen hin, und weil sie nicht mehr gut sah, wunderte sie sich, dass er nicht dicker wurde.

Nach vier Wochen war ihre Geduld zu Ende. Am Abend befahl sie Gretel: »Hol Wasser! Dein Bruder mag fett sein oder nicht, morgen will ich ihn schlachten. Am nächsten Morgen musste Gretel Feuer machen und den Kessel mit Wasser darüberhängen. Die Hexe heizte derweil den riesigen Backofen tüchtig ein. Dann legte sie den Teig auf ein langes Brett und schob ihn so zum Backen in die Glut. Bald darauf befahl die Hexe Gretel: »Komm her!«

Gretel weinte und dachte: »Hätten uns doch die wilden Tiere gefressen, da wären wir zusammen gestorben, und ich müsste nicht helfen, den Tod meines Bruders vorzubereiten.« Die Hexe stand vor der großen Brotbackofentür und sagte zu Gretel: »Schau hinein, ob das Brot schon knusprig braun ist. Meine Augen sind zu schwach dafür. Los, kriech ruhig auf dem Brett ein wenig hinein, damit du auch richtig nachsehen kannst.« Doch eigentlich wollte sie die Ofentür zuwerfen, sobald Gretel drin war. Da sollte sie braten, damit die Hexe sie auch noch essen konnte. Gretel aber merkte, was die Hexe vorhatte, und sagte: »Ich weiß nicht, wie ich es machen soll. Zeig es mir.« – »Na, das ist doch einfach«, sagte die Hexe und kletterte aufs Brett. Weil sie aber dürr und leicht war, schob Gretel sie rasch in den Ofen, warf die Tür zu und schob den schweren Riegel vor. Da konnte die böse Alte heulen und kreischen, sie musste verbrennen.

Gretel lief zu Hänsel und rief: »Hänsel, wir sind frei! Die alte Hexe ist tot!« Da sprang Hänsel heraus und nahm Gretel in den Arm. Sie lachten und weinten vor Freude und tanzten durch die Stube. Und weil sie keine Angst mehr haben mussten, gingen sie durch das ganze Häuschen und sahen sich alles an. Da standen überall Truhen voll mit Perlen und Edelsteinen. Davon steckten sie in ihre Taschen, so viel nur hineinging, und machten sich dann auf den Weg nach Hause. Unterwegs kamen sie an ein großes Wasser und wussten nicht, wie sie hinüberkommen sollten. Da kam eine Ente und trug erst Hänsel und dann Gretel an das andere Ufer. Nachdem sie eine Weile gelaufen waren, wussten sie auch wieder den Weg zu ihres Vaters Haus.

Der Vater freute sich von Herzen, als er seine beiden Kinder wiedersah, denn er hatte keinen fröhlichen Tag mehr gehabt, seit er sie im Wald zurückgelassen hatte. Die Stiefmutter aber war in der Zwischenzeit gestorben. Hänsel und Gretel schüttelten ihre Taschen aus und die Perlen und Edelsteine kullerten über den Boden. Alle Not hatte nun ein Ende und sie brauchten nie mehr zu hungern.

Rumpelstilzchen

Brüder Grimm

Es war einmal ein armer Müller, der hatte eine schöne Tochter. Als er einmal dem König begegnete, prahlte er: »Ich habe eine Tochter, die kann Stroh zu Gold spinnen.« Der König sprach: »Das gefällt mir. Bring deine Tochter morgen in mein Schloss.« Als nun das Mädchen zu ihm gebracht wurde, führte er es in eine Kammer voll Stroh. Er gab ihm Spinnrad und Spule und sagte: »Jetzt zeig, was du kannst. Wenn das Stroh bis morgen früh nicht zu Gold gesponnen ist, musst du sterben.« Mit den Worten ließ er es allein. Da saß die arme Müllerstochter und wusste nicht, was tun, denn natürlich konnte sie kein Stroh zu Gold spinnen. Aus Angst fing sie bitterlich zu weinen an. Da ging die Tür auf und ein kleines Männchen kam herein. »Guten Abend, schöne Müllerstochter. Warum weint Ihr?«, fragte es. »Ach«, seufzte das Mädchen, »ich soll Stroh zu Gold spinnen und kann es doch nicht.« – »Was gibst du mir, wenn ich für dich spinne?«, fragte das Männchen. »Mein Halsband«, sagte das Mädchen. Rasch griff das Männchen zu, setzte sich hin, und schnurr, schnurr war die erste Spule voller Gold. Dann steckte es die zweite auf, und schnurr, schnurr war die zweite voll. So ging es fort, bis alles Stroh versponnen war.

Als am Morgen der König kam und das Gold sah, staunte er sehr. Aber er hatte keinen Dank für das Mädchen übrig. Stattdessen wuchs seine Gier nach Gold, und am Abend ließ er es in eine größere Kammer bringen. Er befahl ihm, auch dieses Stroh in einer Nacht zu Gold zu spinnen, wenn ihm das Leben lieb wäre. Da saß nun das Mädchen und wusste sich nicht zu helfen. Es weinte bitterlich. Und wieder ging die Tür auf, das kleine Männchen stand da und fragte: »Was gibst du mir, wenn ich dir wieder helfe?« – »Meinen Ring«, sagte das Mädchen. Das Männchen nahm den Ring und fing gleich an. Schnurr, schnurr drehte sich das Rad, und eine nach der andern Spule war voll Gold. Bevor die Nacht vorbei war, war alles Stroh versponnen.

Beim Anblick des vielen, vielen Goldes freute sich der König über alle Maßen. Und weil er immer noch nicht genug hatte, ließ er die Müllerstochter in eine noch größere Kammer voller Stroh bringen. »Zeig noch einmal deine Kunst. Wenn es dir gelingt, das alles heute Nacht zu verspinnen, sollst du meine Frau werden.« Wieder kam das Männchen und fragte: »Was gibst du mir, wenn ich dir helfe?« – »Ich habe nichts mehr, was ich dir geben könnte«, sagte das Mädchen. Aber das Männchen hatte gleich einen Vorschlag: »Der König will dich heiraten. Versprich mir dein erstes Kind.« Was sollte die arme Müllerstochter tun? Sie sah keinen Ausweg, und so willigte sie ein. Dafür spann ihr das Männchen das ganze Stroh zu Gold. Als der König am Morgen seinen neuen Reichtum sah, war seine Freude übergroß. Er heiratete das Mädchen, und die Müllerstocher war nun Königin.

Nach einem Jahr gebar sie ein Kind. Keinen Augenblick dachte sie mehr an das Männchen. Doch plötzlich stand es da und sagte: »Nun gib mir, was du mir versprochen hast.« Wie erschrak da die Königin. »Alles kannst du haben, alle Reichtümer des Königreiches, aber nicht mein Kind«, antwortete sie. Aber das Männchen lehnte ab: »Reichtümer brauche ich nicht. Ich will etwas Lebendes.« Da weinte die Königin so verzweifelt, dass das Männchen Mitleid bekam. »Wenn du herausfindest, wie ich heiße, so kannst du dein Kind behalten«, sagte es. »Ich gebe dir drei Tage Zeit.« Die ganze Nacht versuchte die Königin sich an die Namen zu erinnern, die sie jemals gehört hatte. Am anderen Tag schickte sie Boten aus, die herausfinden sollten, was es sonst noch für Namen gäbe. Als am Abend das Männchen in ihrer Kammer erschien, sagte sie die Namen auf, die sie wusste: Kaspar, Melchior, Balthasar und alle anderen auch. Aber jedes Mal sagte das Männchen: »Nein, so heiß ich nicht!«

Am zweiten Tag schlug sie dann dem Männchen die seltsamsten Namen vor: »Heißt du vielleicht Rippenbiest oder Hammelwade oder Schnürbein?« Aber immer antwortete es: »Nein, so heiß ich nicht!« Am dritten Tag schickte die Königin verzweifelt den Boten noch einmal aus, aber er brachte keine neuen Namen mit.

Nur etwas Merkwürdiges wusste er zu berichten: »Als ich in einer einsamen Gegend aus dem Wald trat, sah ich ein kleines Haus, vor dem brannte ein Feuer und um das Feuer sprang ein kleines Männchen. Es hüpfte auf einem Bein und schrie:

»Heute back ich, morgen brau ich,
übermorgen hol ich der Königin ihr Kind.
Ach, wie gut, dass niemand weiß,
dass ich Rumpelstilzchen heiß!«

Wie glücklich war die Königin, als sie das hörte. Und als bald darauf das Männchen eintrat und fragte: »Nun, Frau Königin, wie heiß ich?«, da sagte sie erst: »Heißt du Kunz?« – »Nein!« – »Heißt du Heinz?« – »Nein!« – »Heißt du etwa Rumpelstilzchen?« – »Das hat dir der Teufel gesagt!«, schrie das Männchen und stampfte vor Zorn mit dem rechten Fuß auf, so sehr, dass es bis zum Leib in den Boden fuhr. Dann packte es voller Wut seinen linken Fuß und riss sich selbst mit beiden Händen mitten entzwei.

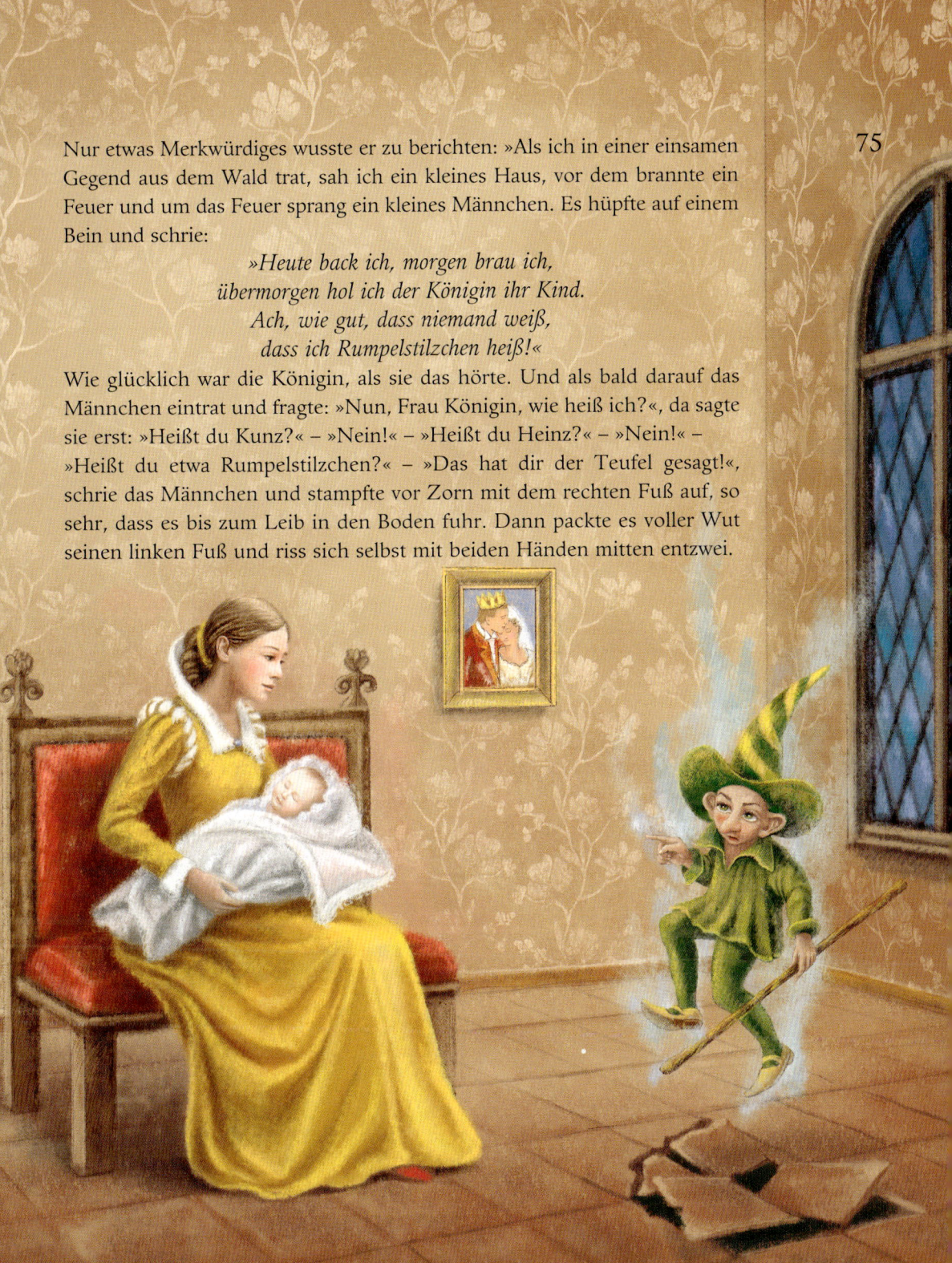

Frau Holle

Brüder Grimm

Eine Witwe hatte zwei Töchter, davon war die eine schön und fleißig, die andere hässlich und faul. Sie hatte aber die hässliche und faule viel lieber, weil sie ihre eigene Tochter war, und so musste die andere, ihre Stieftochter, alle Arbeit im Haus verrichten. War die Arbeit im Haus getan, musste das arme Mädchen hinaus und sich dort an den Brunnen setzen und so viel spinnen, dass seine Finger davon blutig wurden.

Nun trug es sich einmal zu, dass ein paar Blutstropfen auf die Spule fielen. Rasch bückte sich das Mädchen über den Brunnenrand und wollte das Blut abwaschen. Da sprang ihm die Spule aus der Hand und fiel hinab in den Brunnen. Weinend lief das Mädchen zu seiner Stiefmutter und erzählte ihr das Unglück. Die schalt es heftig aus und sagte unbarmherzig: »Hast du die Spule hinunterfallen lassen, so hol sie auch wieder hinauf.« Da lief das Mädchen zu dem Brunnen und wusste doch nicht, was es tun sollte, und in seiner Angst sprang es hinein, um die Spule zu holen.

Es verlor die Besinnung, und als es wieder erwachte und sich die Augen rieb, sah es, dass es auf einer schönen Wiese lag. Die Sonne schien und um es herum blühten viele Tausend Blumen. Es ging über die Wiese und kam zu einem Backofen, der war voller Brot; das Brot aber rief: »Ach! Zieh mich raus, zieh mich raus, sonst verbrenn ich: Ich bin schon längst fertig gebacken.« Da trat das Mädchen rasch herzu und holte das Brot mit einem Brotschieber heraus, einen Laib nach dem anderen.

Danach ging es weiter und kam zu einem Baum. Der hing voller Äpfel und rief: »Ach! Schüttel mich, schüttel mich! Alle meine Äpfel sind schon reif.« Da schüttelte es den Baum, dass die Äpfel wie ein Regenschauer herabfielen. Als keine mehr oben waren, sammelte es alle auf einen Haufen zusammen und ging dann weiter.

Endlich kam es zu einem kleinen Haus, aus dem schaute eine alte Frau. Weil sie so große Zähne hatte, bekam das Mädchen Angst und wollte fortlaufen. Die alte Frau aber rief ihm nach: »Fürchte dich nicht, liebes Kind,

bleib bei mir und hilf mir. Wenn du alle Arbeit im Haus ordentlich tun willst, so soll es dir gut gehen. Achte vor allem darauf, dass du mein Bett aufschüttelst, sodass die Federn fliegen. Denn dann schneit es in der Welt! Ich bin die Frau Holle.« Weil die Alte so gut mit ihm sprach, willigte das Mädchen ein. Es tat, was ihm geheißen, und schüttelte Frau Holles Bett immer gewaltig auf, dass die Federn wie Schneeflocken umherflogen. Dafür hatte es ein gutes Leben bei ihr, es hörte kein böses Wort und bekam alle Tage gut und reichlich zu essen.

Als es nun eine Zeit lang bei Frau Holle war, wurde es traurig. Und es merkte, obgleich es hier tausendmal besser war als zu Hause, dass es doch Heimweh hatte. Sein Verlangen nach zu Hause wuchs von Tag zu Tag. Endlich fasste sich das Mädchen ein Herz und sagte zu Frau Holle: »Ich möchte so gern wieder nach Hause. Auch wenn es mir hier gut geht, kann ich nicht länger bleiben.« Da sagte Frau Holle: »Es gefällt mir, dass du wieder nach Hause willst. Und weil du mir so treu gedient hast, will ich dich selber hinaufbringen.« Sie nahm das Mädchen bei der Hand und führte es vor ein großes Tor. Das Tor ging auf, und als das Mädchen darunter durchschritt, fiel ein gewaltiger Goldregen herab, und das Gold blieb an ihm hängen, sodass es über und über damit bedeckt war. »Das sollst du haben, weil du so fleißig gewesen bist«, sagte Frau Holle und gab ihm auch noch die Spule wieder, die ihm in den Brunnen gefallen war.

Kaum war das Tor geschlossen, befand sich das Mädchen oben auf der Welt, nicht weit von seiner Mutter Haus, und als es in den Hof kam, saß der Hahn auf dem Brunnen und rief:

»Kikeriki, kikeriki, unsere goldene Jungfrau ist wieder hie!«

Da ging es in die Stube zur Mutter, und weil es so mit Gold bedeckt war, wurde es freundlich aufgenommen und kein böses Wort fiel. Das Mädchen erzählte, was es erlebt hatte, und als die Mutter hörte, wie es zu dem Gold gekommen war, wollte sie ihrer anderen Tochter dasselbe Glück verschaffen. So musste sich die Faule an den Brunnen setzen und spinnen.

Sie hatte aber keine Lust, so lange zu spinnen, bis ihre Finger blutig waren. So stieß sie ihre Hand in eine Dornenhecke und ließ ein paar Tropfen Blut auf die Spule fallen. Danach warf sie die Spule in den Brunnen und sprang selbst hinein.

Sie kam, wie die andere vor ihr, auf die schöne Wiese und ging auf demselben Pfad weiter. Als sie zu dem Backofen gelangte, schrie das Brot wieder: »Ach! Zieh mich raus, sonst verbrenn ich: Ich bin schon längst fertig gebacken.« Die Faule aber antwortete: »Hab keine Lust, mich schmutzig zu machen!«, und ging weiter. Bald kam sie zu dem Apfelbaum, der rief: »Ach! Schüttel mich, schüttel mich! Alle meine Äpfel sind schon reif.« Sie aber antwortete: »Hab keine Lust, einen auf den Kopf zu bekommen«, und ging weiter.

Als sie vor Frau Holles Haus kam, fürchtete sie sich nicht, weil sie von den großen Zähnen schon gehört hatte, und blieb gleich bei ihr. Am ersten Tag strengte sie sich mächtig an und war fleißig und folgte der Frau Holle, denn sie dachte an das viele Gold, das sie ihr schenken würde. Aber schon am zweiten Tag fing sie an zu trödeln und zu faulenzen, und am dritten noch mehr, da wollte sie gar nicht aufstehen, so früh am Morgen.

Als sie dann das Bett von Frau Holle aufschütteln sollte, tat sie es mehr schlecht als recht und die Federn flogen nicht auf. Da hatte Frau Holle bald genug von ihren Diensten und kündigte ihr. Die Faule war wohl zufrieden, dass die Plackerei ein Ende hatte, und meinte, nun endlich würde der Goldregen kommen.

Frau Holle führte sie auch hinaus zu dem großen Tor, aber als sie hindurchschritt, ward statt des Goldes ein großer Kessel voll Pech über ihr ausgeschüttet. »Das ist die Belohnung für deine Dienste«, sagte Frau Holle und schloss das Tor hinter ihr zu. So kam die Faule heim, ganz mit Pech bedeckt, und der Hahn auf dem Brunnen schrie, als er sie sah:

>»Kikeriki, kikeriki, unsere faule Jungfrau ist wieder hie!«

Das Pech blieb an ihr hängen und sollte ihr Leben lang kleben bleiben.

Die Geschichte von Kalif Storch

Wilhelm Hauff

Der Kalif Chasid zu Bagdad saß an einem schönen Nachmittag behaglich auf seinem Sofa, rauchte aus einer langen Pfeife, trank Kaffee und strich sich vergnügt den Bart. Um diese Stunde konnte man gar gut mit ihm reden. Deswegen besuchte ihn auch sein Großwesir Mansor alle Tage um diese Zeit. An diesem Nachmittag sah er nachdenklich aus. Der Kalif tat die Pfeife ein wenig aus dem Mund und sprach: »Warum machst du ein so nachdenkliches Gesicht, Großwesir?« Der Großwesir schlug seine Arme kreuzweise über die Brust, verneigte sich und antwortete: »Herr! Im Schloss steht ein Krämer, der hat so schöne Sachen, dass es mich ärgert, nicht viel überflüssiges Geld zu haben.« Der Kalif, der seinem Großwesir schon lange gern eine Freude gemacht hätte, schickte seinen Sklaven hinunter, um den Krämer heraufzuholen.

Dieser war ein kleiner, dicker Mann im zerlumpten Anzug. Er trug einen Kasten, in welchem er allerhand Waren hatte. Der Kalif und sein Wesir musterten alles durch, und der Kalif kaufte endlich für sich und Mansor schöne Pistolen, für die Frau des Wesirs aber einen Kamm. Da sah der Kalif eine kleine Schublade in dem Kasten und fragte, ob da auch noch Waren seien. Der Krämer zog die Schublade heraus und zeigte darin eine Dose mit schwärzlichem Pulver und ein Papier mit sonderbarer Schrift. »Ich bekam dies von einem Kaufmann«, sagte der Krämer, »Euch stehen sie um geringen Preis zu Dienst, ich kann doch nichts damit anfangen.« Der Kalif kaufte Schrift und Dose und entließ den Krämer.

Der Kalif fragte den Wesir, ob er keinen kenne, der die Schrift entziffern könnte. »Gnädigster Herr«, antwortete dieser, »an der großen Moschee wohnt ein Mann, der versteht alle Sprachen. Lass ihn kommen.« Der Gelehrte Selim war bald herbeigeholt. »Selim«, sprach zu ihm der Kalif, »man sagt, du seiest sehr gelehrt; guck ein wenig in diese Schrift. Kannst du sie lesen, so bekommst du ein neues Festkleid von mir, kannst du es

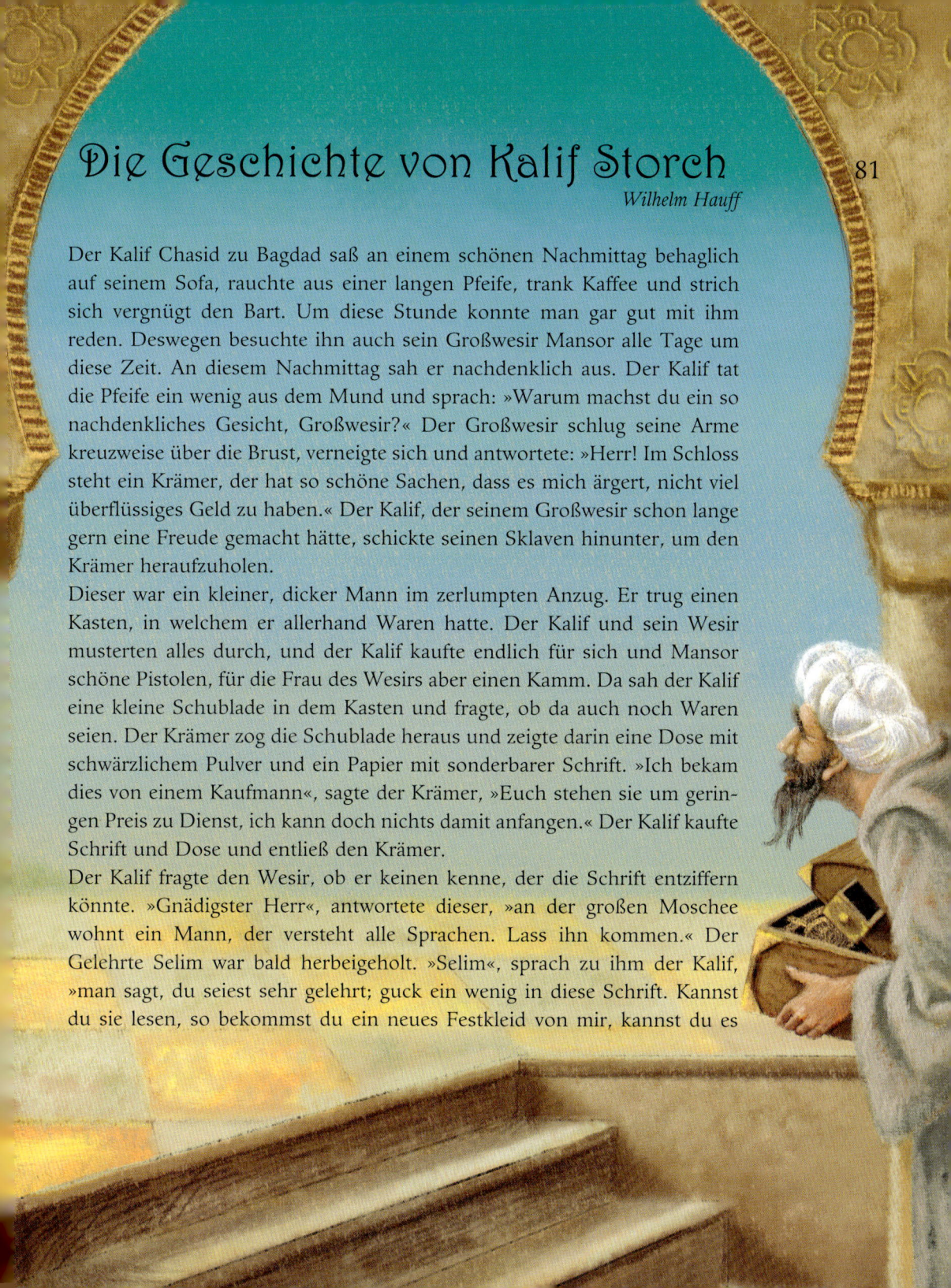

nicht, so bekommst du zwölf Backenstreiche, weil man dich dann umsonst Selim, den Gelehrten, nennt.« Lange betrachtete Selim die Schrift, dann fing er an zu übersetzen: »Mensch, der du dieses findest, preise Allah für seine Gnade. Wer von dem Pulver schnupft und dazu spricht: *mutabor*, der kann sich in jedes Tier verwandeln. Will er wieder in seine menschliche Gestalt zurückkehren, so neige er sich dreimal gegen Osten und spreche jenes Wort; aber hüte dich, dass du nicht lachst, sonst verschwindet das Zauberwort gänzlich aus deinem Gedächtnis und du bleibst ein Tier.«

Der Kalif war über alle Maßen vergnügt. Er ließ den Gelehrten schwören, niemandem etwas von dem Geheimnis zu sagen, schenkte ihm ein schönes Kleid und entließ ihn. Zu seinem Großwesir aber sagte er: »Morgen früh kommst du zu mir; wir schnupfen etwas aus meiner Dose und belauschen dann, was in der Luft, im Wasser, in Wald und Feld gesprochen wird.«

Kaum hatte am anderen Morgen der Kalif Chasid gefrühstückt und sich angekleidet, als schon der Großwesir erschien. Der Kalif steckte die Dose mit dem Zauberpulver in den Gürtel, machte sich mit dem Großwesir auf den Weg. Der Wesir schlug vor, an einen Teich zu gehen, wo er schon oft Störche gesehen habe, die durch ihr Wesen und ihr Geklapper seine Aufmerksamkeit erregt haben. Der Kalif billigte den Vorschlag und ging mit ihm zu dem Teich. Dort sahen sie einen Storch ernsthaft auf und ab gehen, Frösche suchend, und hie und da etwas vor sich hin klappern. Zugleich sahen sie weit oben in der Luft einen anderen Storch dieser Gegend zuschweben. »Ich wette meinen Bart, gnädigster Herr«, sagte der Großwesir, »wenn nicht diese zwei Langfüßler ein schönes Gespräch miteinander führen werden. Wie wäre es, wenn wir Störche würden?«

»Wohl gesprochen!«, antwortete der Kalif. »Aber vorher wollen wir noch einmal betrachten, wie man wieder Mensch wird. – Richtig! Dreimal gen Osten geneigt und *mutabor* gesagt, so bin ich wieder Kalif und du Wesir. Aber nicht gelacht, sonst sind wir verloren!« Dann zog er die Dose aus dem Gürtel, nahm eine gute Prise, bot sie dem Großwesir dar, der gleichfalls schnupfte, und beide riefen: »Mutabor!« Da wurden ihre Beine dünn und rot, die schönen gelben Pantoffeln wurden unförmige

Storchenfüße, die Arme wurden zu Flügeln, der Hals fuhr aus den Achseln, der Bart war weg und den Körper bedeckten weiche Federn. »Ihr habt einen hübschen Schnabel, Herr Großwesir«, sprach nach langem Erstaunen der Kalif. »Danke untertänigst«, erwiderte der Großwesir, »aber Eure Hoheit sehen als Storch beinahe noch hübscher aus denn als Kalif. Aber kommt, dass wir unsere Kameraden belauschen und erfahren, ob wir wirklich Storchisch können.«

Die beiden neuen Störche vernahmen zu ihrem Erstaunen folgendes Gespräch: »Guten Morgen, Frau Langbein, so früh auf der Wiese?« – »Schönen Dank, lieber Klapperschnabel! Ich habe mir nur ein kleines Frühstück geholt. Ist Euch vielleicht ein Froschschenkelein gefällig?« – »Danke gehorsamst; habe heute keinen Appetit. Ich soll vor den Gästen meines Vaters tanzen, und da will ich ein wenig üben.« Die junge Störchin schritt in wunderlichen Bewegungen durch das Feld. Der Kalif und Mansor sahen ihr verwundert nach; als sie aber in malerischer Stellung auf einem Fuß stand und mit den Flügeln anmutig dazu wedelte, da konnten sich die beiden nicht mehr halten. Ein unaufhaltsames Gelächter brach aus ihren Schnäbeln hervor, von dem sie sich erst nach langer Zeit erholten.

Der Kalif fasste sich zuerst wieder. »Das war ein Spaß«, rief er, »der nicht mit Gold zu bezahlen ist!« Aber jetzt fiel es dem Großwesir wieder ein, dass das Lachen während der Verwandlung verboten war. Er teilte seine Angst dem Kalifen mit. »Potz Mekka und Medina! Das wäre ein schlechter Spaß, wenn ich ein Storch bleiben müsste! Besinn dich doch auf das dumme Wort, ich bring es nicht heraus.« – »Dreimal gen Osten müssen wir uns bücken und dazu sprechen: *mu – mu – mu –* « Sie stellten sich gegen Osten und bückten sich in einem fort, aber, o Jammer!, das Zauberwort war ihnen entfallen, jede Erinnerung daran verschwunden, und der arme Chasid und sein Wesir waren und blieben Störche.

Traurig wandelten die Verzauberten durch die Felder, sie wussten gar nicht, was sie in ihrem Elend anfangen sollten. In die Stadt zurück konnten sie nicht, denn wer hätte einem Storch geglaubt, dass er der Kalif sei? So schlichen sie mehrere Tage umher, ernährten sich von Feldfrüchten,

die sie aber wegen ihrer langen Schnäbel nicht gut verspeisen konnten. Zu Eidechsen und Fröschen hatten sie keinen Appetit, denn sie befürchteten, sich den Magen zu verderben. Ihr einziges Vergnügen war, dass sie fliegen konnten. Und so flogen sie oft auf die Dächer von Bagdad, um zu sehen, was darin vorging. In den ersten Tagen bemerkten sie große Unruhe und Trauer. Aber am vierten Tag sahen sie unten in den Straßen einen prächtigen Aufzug: Trommeln und Pfeifen ertönten, ein Mann in einem goldbestickten Mantel saß auf einem geschmückten Pferd, umgeben von glänzenden Dienern. Halb Bagdad sprang ihm nach und alle schrien: »Heil Mizra! Dem Herrscher von Bagdad!« Da sahen die beiden Störche auf dem Dach des Palastes sich an, und der Kalif Chasid sprach: »Ahnst du jetzt, warum ich verzaubert bin, Großwesir? Dieser Mizra ist der Sohn meines Todfeindes, des mächtigen Zauberers Kaschnur, der mir in einer bösen Stunde Rache schwor. Aber ich gebe die Hoffnung nicht auf. Komm, wir wandern zum Grab des Propheten, vielleicht wird der Zauber an heiliger Stätte gelöst.« Sie erhoben sich und flogen der Gegend von Medina zu.

Nach ein paar Stunden ächzte der Großwesir: »Ich halte es, mit Eurer Erlaubnis, nicht mehr lange aus. Ihr fliegt gar zu schnell. Auch ist es schon Abend, und wir täten wohl, ein Unterkommen für die Nacht zu suchen.« Chasid hörte auf die Bitte seines Dieners, und da er unten im Tal eine Ruine erblickte, flogen sie dahin. Der Ort schien ein Schloss gewesen zu sein, schöne Säulen und Gemächer, die noch ziemlich erhalten waren, zeugten von der ehemaligen Pracht des Hauses. Plötzlich blieb der Storch Mansor stehen. »Herr und Gebieter«, flüsterte er, »mir ist ganz unheimlich zumute, neben mir hat es geseufzt und gestöhnt.« Der Kalif blieb nun auch stehen und hörte deutlich ein leises Weinen, das eher einem Menschen als einem Tier anzugehören schien. Da unter dem Storchenflügel ein tapferes Herz schlug, eilte er in einen finsteren Gang, und bald stand er vor einer Tür, die nur angelehnt war und woraus er Seufzer vernahm. Er stieß mit dem Schnabel vorsichtig die Tür auf und blieb überrascht auf der Schwelle stehen. In dem verfallenen Gemach sah er eine große Nachteule sitzen. Dicke Tränen rollten ihr aus den großen, runden Augen und mit heiserer

Stimme stieß sie ihre Klagen heraus. Als sie aber den Kalifen und seinen Wesir erblickte, erhob sie ein lautes Freudengeschrei. Und zum Erstaunen der beiden rief sie in gutem menschlichem Arabisch: »Willkommen, ihr Störche! Ihr seid mir ein Zeichen meiner Errettung, denn durch Störche werde mir ein großes Glück kommen, ist mir einst prophezeit worden.« Als sich der Kalif von seinem Erstaunen erholt hatte, brachte er seine dünnen Füße in eine zierliche Stellung und sprach: »Nachteule! Deinen Worten nach darf ich glauben, eine Leidensgefährtin in dir zu sehen. Aber ach! Deine Hoffnung, dass durch uns deine Rettung kommen werde, ist vergeblich. Du wirst unsere Hilflosigkeit erkennen, wenn du unsere Geschichte hörst.« Und der Kalif erzählte, was wir bereits wissen.

Als der Kalif seine Geschichte vorgetragen hatte, dankte sie ihm und sagte: »Vernimm auch meine Geschichte. Mein Vater ist der König von Indien. Ich, seine einzige, unglückliche Tochter, heiße Lusa. Jener Zauberer Kaschnur hat auch mich ins Unglück gestürzt. Er kam eines Tages zu

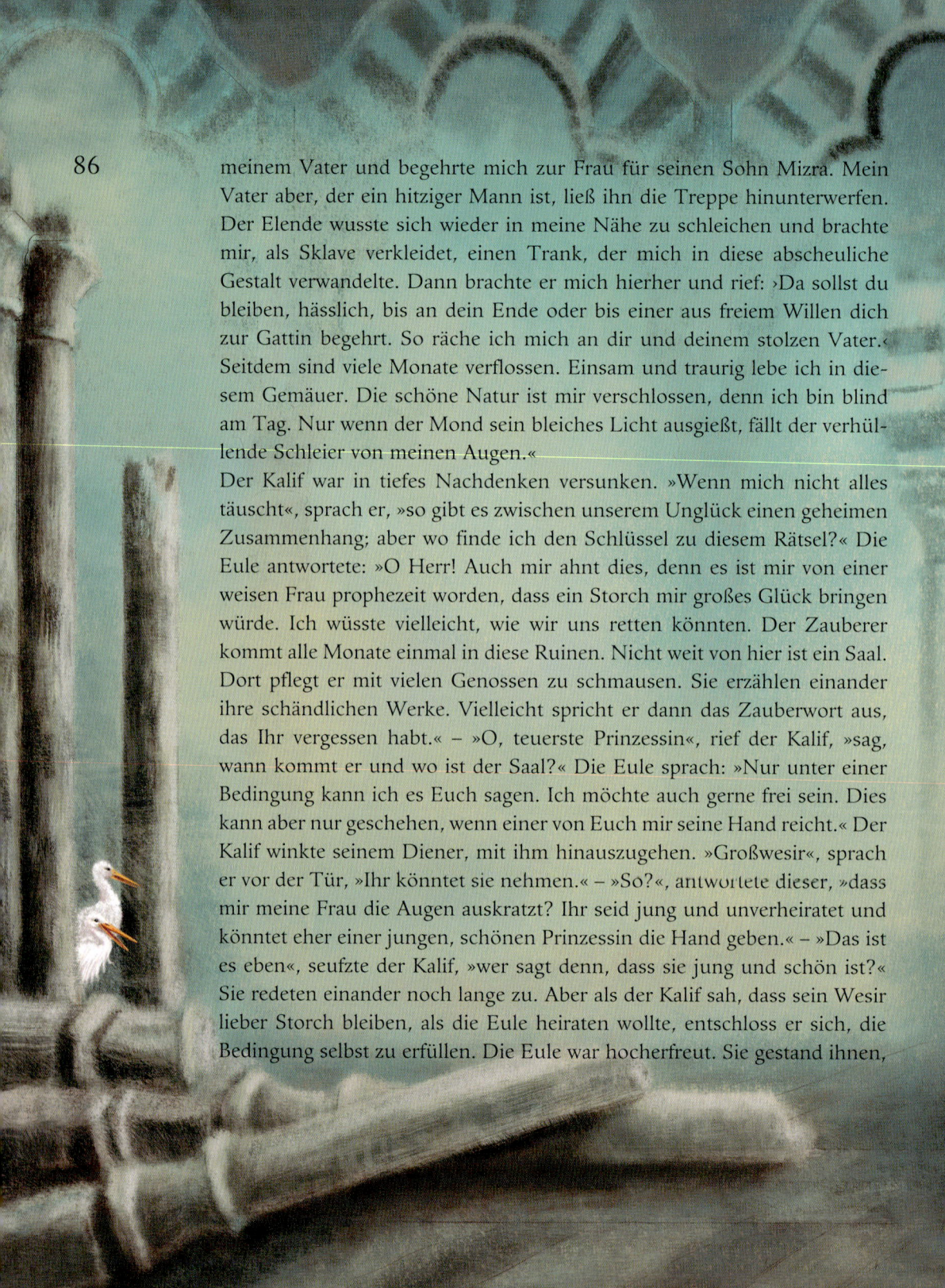

meinem Vater und begehrte mich zur Frau für seinen Sohn Mizra. Mein Vater aber, der ein hitziger Mann ist, ließ ihn die Treppe hinunterwerfen. Der Elende wusste sich wieder in meine Nähe zu schleichen und brachte mir, als Sklave verkleidet, einen Trank, der mich in diese abscheuliche Gestalt verwandelte. Dann brachte er mich hierher und rief: ›Da sollst du bleiben, hässlich, bis an dein Ende oder bis einer aus freiem Willen dich zur Gattin begehrt. So räche ich mich an dir und deinem stolzen Vater.‹ Seitdem sind viele Monate verflossen. Einsam und traurig lebe ich in diesem Gemäuer. Die schöne Natur ist mir verschlossen, denn ich bin blind am Tag. Nur wenn der Mond sein bleiches Licht ausgießt, fällt der verhüllende Schleier von meinen Augen.«

Der Kalif war in tiefes Nachdenken versunken. »Wenn mich nicht alles täuscht«, sprach er, »so gibt es zwischen unserem Unglück einen geheimen Zusammenhang; aber wo finde ich den Schlüssel zu diesem Rätsel?« Die Eule antwortete: »O Herr! Auch mir ahnt dies, denn es ist mir von einer weisen Frau prophezeit worden, dass ein Storch mir großes Glück bringen würde. Ich wüsste vielleicht, wie wir uns retten könnten. Der Zauberer kommt alle Monate einmal in diese Ruinen. Nicht weit von hier ist ein Saal. Dort pflegt er mit vielen Genossen zu schmausen. Sie erzählen einander ihre schändlichen Werke. Vielleicht spricht er dann das Zauberwort aus, das Ihr vergessen habt.« – »O, teuerste Prinzessin«, rief der Kalif, »sag, wann kommt er und wo ist der Saal?« Die Eule sprach: »Nur unter einer Bedingung kann ich es Euch sagen. Ich möchte auch gerne frei sein. Dies kann aber nur geschehen, wenn einer von Euch mir seine Hand reicht.« Der Kalif winkte seinem Diener, mit ihm hinauszugehen. »Großwesir«, sprach er vor der Tür, »Ihr könntet sie nehmen.« – »So?«, antwortete dieser, »dass mir meine Frau die Augen auskratzt? Ihr seid jung und unverheiratet und könntet eher einer jungen, schönen Prinzessin die Hand geben.« – »Das ist es eben«, seufzte der Kalif, »wer sagt denn, dass sie jung und schön ist?« Sie redeten einander noch lange zu. Aber als der Kalif sah, dass sein Wesir lieber Storch bleiben, als die Eule heiraten wollte, entschloss er sich, die Bedingung selbst zu erfüllen. Die Eule war hocherfreut. Sie gestand ihnen,

dass sie zu keiner besseren Zeit hätten kommen können, weil in dieser Nacht die Zauberer sich versammeln werden.

Sie gingen lange in einem finsteren Gang hin. Endlich strahlte ihnen aus einer Mauer ein heller Schein entgegen und sie konnten von der Lücke aus einen großen Saal übersehen. In der Mitte stand ein runder Tisch mit vielen ausgesuchten Speisen. Um den Tisch zog sich ein Sofa, auf welchem acht Männer saßen. In einem dieser Männer erkannten die Störche jenen Krämer wieder, der ihnen das Zauberpulver verkauft hatte. Sein Nebensitzer forderte ihn auf, seine neuesten Taten zu erzählen. Er erzählte unter anderem auch die Geschichte des Kalifen und seines Wesirs. »Was für ein Wort hast du ihnen denn aufgegeben?«, fragte ihn ein Zauberer. »Ein schweres lateinisches, es heißt *mutabor*.«

Als die Störche dies hörten, liefen sie so schnell dem Tor zu, dass die Eule kaum folgen konnte.

Dort sprach der Kalif gerührt: »Retterin meines Lebens und des Lebens meines Freundes, nimm zum ewigen Dank für das, was du an uns getan, mich zum Gemahl an.« Dann wandte er sich nach Osten.

Dreimal bückten die Störche ihre Hälse der Sonne entgegen, die hinter dem Gebirge aufstieg. »*Mutabor!*«, riefen sie. Im Nu waren sie verwandelt, und lachend und weinend lagen Herr und Diener sich in den Armen. Wer beschreibt aber ihr Erstaunen, als sie sich umsahen!

Eine schöne Dame stand vor ihnen. Lächelnd gab sie dem Kalifen die Hand. »Erkennt Ihr Eure Nachteule nicht mehr?«, sagte sie. Der Kalif war von ihrer Schönheit und Anmut so entzückt, dass er ausrief, es war sein größtes Glück, dass er ein Storch geworden sei. Die drei zogen nach Bagdad. Dort erregte die Ankunft des Kalifen großes Erstaunen. Man hatte ihn für tot ausgegeben, und das Volk war daher hocherfreut, seinen geliebten Herrn wiederzuhaben. Umso mehr aber entbrannte ihr Hass gegen den Betrüger Mizra. Sie nahmen den alten Zauberer und seinen Sohn gefangen. Den Alten schickte der Kalif in dasselbe Gemach der Ruine, das die Prinzessin als Eule bewohnt hatte, und ließ ihn dort aufhängen. Der Sohn aber, der nichts von den Künsten des Vaters verstand, wollte lieber schnupfen. Eine Prise, und das Zauberwort des Kalifen verwandelte ihn in einen Storch. Der Kalif ließ ihn in einen Käfig sperren und in seinem Garten aufstellen.

Lange und vergnügt lebte Kalif Chasid mit seiner Frau, der Prinzessin; seine vergnügtesten Stunden aber waren die, wenn ihn der Großwesir besuchte. Da sprachen sie oft von ihrem Abenteuer, und wenn der Kalif recht heiter war, ließ er sich herab, den Großwesir nachzuahmen, wie er als Storch aussah. Er stieg dann ernsthaft mit steifen Füßen im Zimmer auf und ab, klapperte und wedelte mit den Armen und zeigte, wie jener sich nach Osten geneigt und *mu – mu – mu –* gerufen habe. Für die Frau Kalifin und ihre Kinder war diese Vorstellung eine große Freude. Wenn es aber gar zu lange dauerte, dann drohte der Wesir lächelnd, er wolle das, was vor der Tür der Prinzessin »Nachteule« verhandelt worden sei, der Frau Kalifin mitteilen.

Der gestiefelte Kater

Charles Perrault

Ein Müller hinterließ bei seinem Tode seinen drei Söhnen eine Mühle, einen Esel und einen Kater. Der älteste bekam die Mühle, der zweite den Esel und der dritte den Kater. Der jüngste war untröstlich über sein armseliges Erbe: »Was soll ich mit einem Kater? Wenn ich ihn aufgezehrt habe, kann ich mir höchstens eine Mütze aus seinem Fell machen, und dann werde ich vor Hunger sterben.«

Der Kater hatte alles mitangehört, doch er ließ sich nichts anmerken. Er sagte mit ernster, wichtiger Miene: »Seid nicht traurig, Herr. Gebt mir nur einen Sack und ein Paar Stiefel, und Ihr werdet sehen, dass Ihr bei der Teilung gar nicht so schlecht weggekommen seid.« Obwohl der junge Herr nicht viel auf diese Worte gab, dachte er daran, wie listig der Kater Mäuse und Ratten fing. Mal hatte er sich im Mehl versteckt, mal tot gestellt, und deshalb zweifelte er auch nicht an dessen Fähigkeiten. Vielleicht konnte er ihm ja tatsächlich in seinem Elend helfen.

Der Kater bekam, was er erbeten. Er zog die Stiefel an, warf den Sack über die Schulter, nahm die Schnüre in die Vorderpfoten und machte sich auf den Weg ins Gehege, wo es vor Kaninchen nur so wimmelte. Er steckte Kleie und Kohlblätter in den Sack, legte sich daneben und tat, als ob er tot wäre. Dabei wartete er nur darauf, dass ein dummes junges Kaninchen in den Sack schlüpfen würde, um von den Köstlichkeiten zu fressen. Und schon bald lief ein vorwitziges Kaninchen hinein. Der Kater zog rasch die Schnüre zu, packte es und tötete es. Dann begab er sich zum Schloss und verlangte, den König zu sprechen. Man führte ihn in die königlichen Gemächer, wo er eine tiefe Verbeugung vor dem König machte und sprach: »Majestät, dieses Kaninchen soll ich Ihnen von meinem Herrn, dem Marquis von Carabas (den Namen hatte er sich eben erst ausgedacht), überreichen. Es stammt aus seinem Wildgehege.« – »Ich danke deinem Herrn«, entgegnete der König, »er hat mir eine große Freude gemacht.«

Ein anderes Mal fing der Kater auf die gleiche Weise im Kornfeld zwei Rebhühner und brachte sie dem König als Geschenk, wobei er nicht zu erwähnen vergaß, dass auch sie aus dem Gehege seines Herrn waren. Der König nahm sie mit Vergnügen. So ging es zwei bis drei Monate, in denen der Kater dem König immer mal wieder Wild brachte.

Eines Tages hörte der Kater, dass der König mit seiner Tochter, der schönsten Prinzessin weit und breit, eine Kutschfahrt entlang des Flusses machen wollte. Da sagte er zu seinem Herrn: »Folgt meinem Rat, und Ihr werdet Euer Glück machen: Ihr müsst nur an der Stelle im Fluss baden, die ich Euch zeige.« Der Marquis wusste zwar nicht, was der Kater vorhatte, aber er tat, wie ihm geheißen. Als er nun badete, kam die königliche Kutsche vorüber, und der Kater begann aus Leibeskräften zu schreien: »Hilfe! Hilfe! Mein Herr ertrinkt!« Der König wollte wissen, wer da so schrie, und streckte den Kopf zum Wagenfenster heraus. Da erkannte er den Kater, der ihm so oft Wildbret gebracht hatte. Sofort befahl er seinen Dienern, dem Herrn Marquis von Carabas zu Hilfe zu eilen. Unterdessen erzählte der Kater dem König, dass Räuber die Kleider seines Herrn gestohlen hätten, während der badete. Dabei wusste der listige Kater genau, wo die Kleider lagen, hatte er sie doch selbst versteckt. Der König befahl, seine schönsten Kleider für

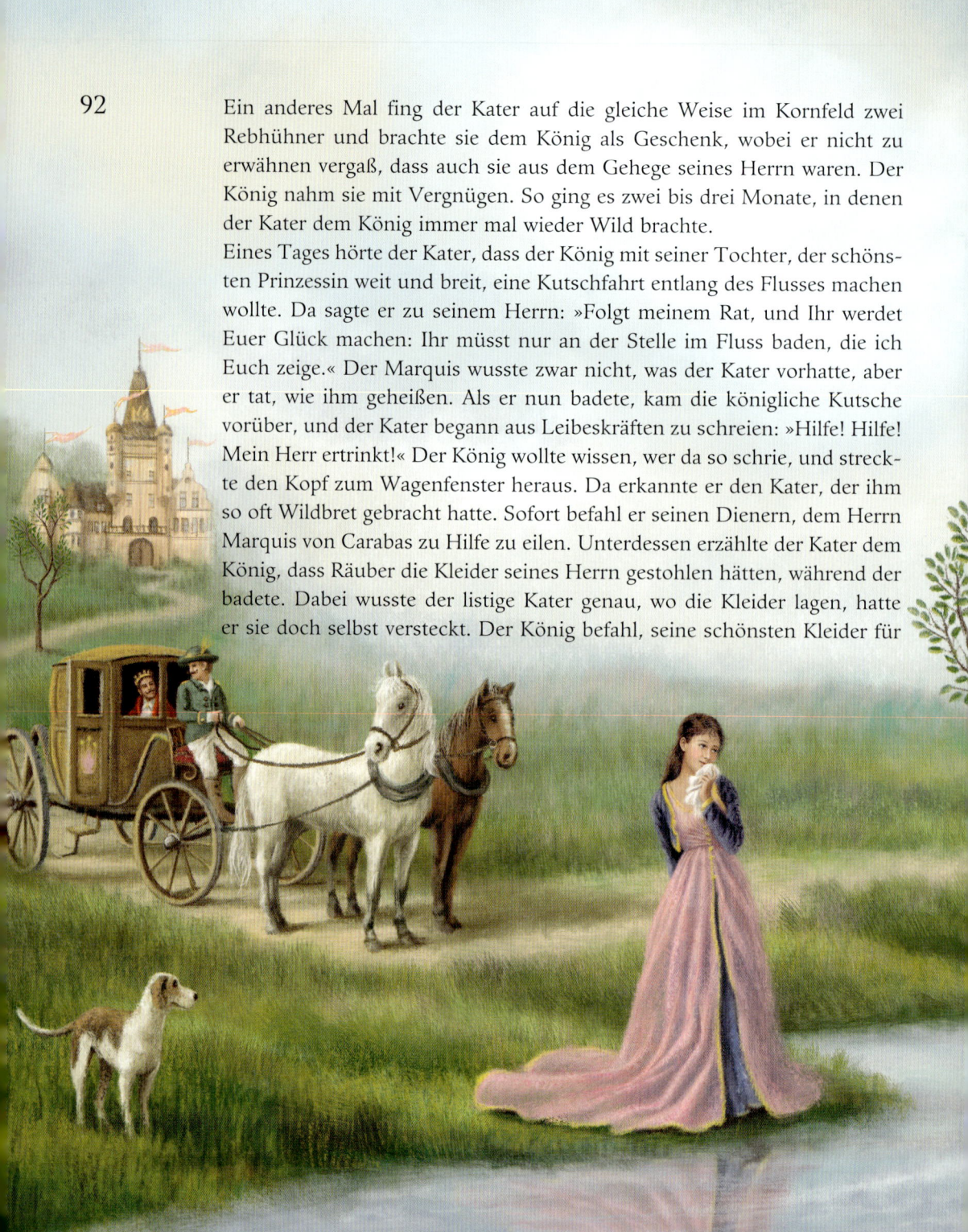

den Marquis zu holen. In den kostbaren Gewändern sah der junge, schöne Marquis von Carabas noch hübscher aus und gefiel der Königstochter
ungemein. Als er sie dazu noch ehrerbietig und zärtlich ansah, verliebte sie
sich unsterblich in ihn. Der König lud ihn freundlich ein, ihn und seine
Tochter auf der Spazierfahrt zu begleiten.

Als der Kater sah, dass sein Plan so erfolgversprechend begann, eilte er der
Kutsche voraus, und als er auf einer Wiese Bauern sah, die Heu machten,
sagte er: »Liebe Leute, wenn ihr dem König nicht sagt, dass die Wiese, die
ihr gerade mäht, dem Marquis von Carabas gehört, mache ich Hackfleisch
aus euch!« Als der König vorüberfuhr, fragte er tatsächlich, wem die Wiese
gehöre, und die Bauern sagten einstimmig: »Dem Marquis von Carabas«,
denn der Kater hatte ihnen Angst eingejagt. »Ihr habt einen schönen
Besitz«, sagte der König zum Marquis. Und der antwortete: »Das stimmt.
Die Wiese bringt immer gute Ernte.«

Mittlerweile war der Kater auf ein paar Schnitter gestoßen, und ihnen drohte
er: »Liebe Leute, wenn ihr dem König nicht sagt, dass dieses Kornfeld dem
Marquis von Carabas gehört, dann mache ich Hackfleisch aus euch.« Und
tatsächlich antworteten sie dem König, der vorbeikam und wissen wollte,
wem das Kornfeld gehörte: »Es gehört dem Marquis von Carabas.«

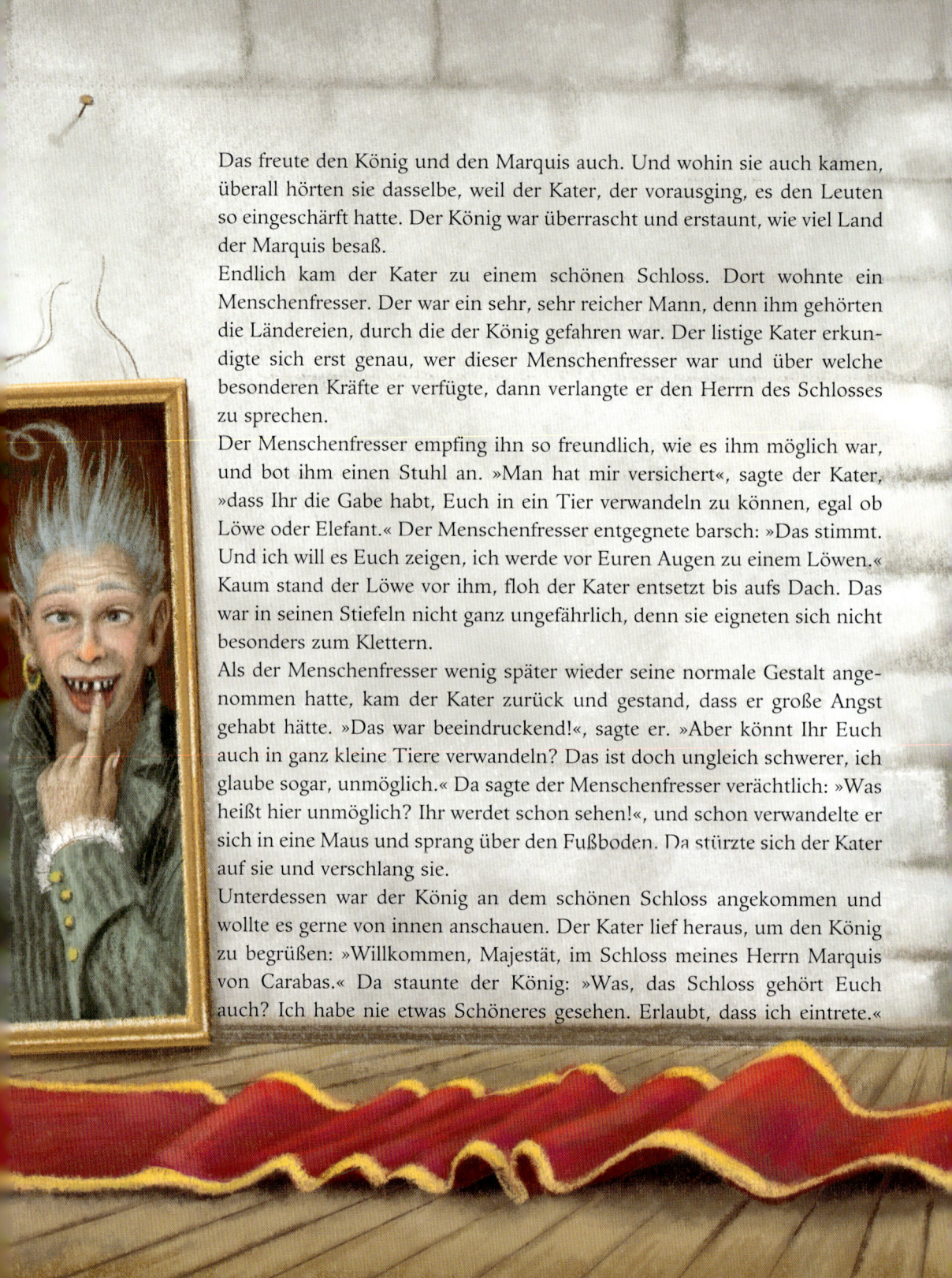

Das freute den König und den Marquis auch. Und wohin sie auch kamen, überall hörten sie dasselbe, weil der Kater, der vorausging, es den Leuten so eingeschärft hatte. Der König war überrascht und erstaunt, wie viel Land der Marquis besaß.

Endlich kam der Kater zu einem schönen Schloss. Dort wohnte ein Menschenfresser. Der war ein sehr, sehr reicher Mann, denn ihm gehörten die Ländereien, durch die der König gefahren war. Der listige Kater erkundigte sich erst genau, wer dieser Menschenfresser war und über welche besonderen Kräfte er verfügte, dann verlangte er den Herrn des Schlosses zu sprechen.

Der Menschenfresser empfing ihn so freundlich, wie es ihm möglich war, und bot ihm einen Stuhl an. »Man hat mir versichert«, sagte der Kater, »dass Ihr die Gabe habt, Euch in ein Tier verwandeln zu können, egal ob Löwe oder Elefant.« Der Menschenfresser entgegnete barsch: »Das stimmt. Und ich will es Euch zeigen, ich werde vor Euren Augen zu einem Löwen.« Kaum stand der Löwe vor ihm, floh der Kater entsetzt bis aufs Dach. Das war in seinen Stiefeln nicht ganz ungefährlich, denn sie eigneten sich nicht besonders zum Klettern.

Als der Menschenfresser wenig später wieder seine normale Gestalt angenommen hatte, kam der Kater zurück und gestand, dass er große Angst gehabt hätte. »Das war beeindruckend!«, sagte er. »Aber könnt Ihr Euch auch in ganz kleine Tiere verwandeln? Das ist doch ungleich schwerer, ich glaube sogar, unmöglich.« Da sagte der Menschenfresser verächtlich: »Was heißt hier unmöglich? Ihr werdet schon sehen!«, und schon verwandelte er sich in eine Maus und sprang über den Fußboden. Da stürzte sich der Kater auf sie und verschlang sie.

Unterdessen war der König an dem schönen Schloss angekommen und wollte es gerne von innen anschauen. Der Kater lief heraus, um den König zu begrüßen: »Willkommen, Majestät, im Schloss meines Herrn Marquis von Carabas.« Da staunte der König: »Was, das Schloss gehört Euch auch? Ich habe nie etwas Schöneres gesehen. Erlaubt, dass ich eintrete.«

Der Marquis reichte der Prinzessin die Hand und sie gingen hinter dem König die Schlosstreppe hinauf. Im großen Festsaal stand ein prächtiges Mahl bereit, das der Menschenfresser eigentlich für ein paar Freunde hatte auftischen lassen. Die wagten aber nicht zu kommen, nachdem sie gehört hatten, dass der König im Schloss weilte. Der König war über alle Maßen entzückt von den angenehmen Seiten des Marquis von Carabas. Er gefiel aber nicht nur ihm, auch seine Tochter war von dem Marquis überaus angetan. Sie hatte nur noch Augen für ihn. Ebenso gefielen dem König natürlich die großen Reichtümer, die dieser besaß, und so sprach er nach dem fünften oder sechsten Glas Wein: »Herr Marquis, es liegt an Euch, ob Ihr mein Schwiegersohn werden wollt.«

Der Marquis verbeugte sich und nahm den ehrenvollen Antrag an, und noch am selben Tag heiratete er die Prinzessin. Der Kater aber wurde am Schloss ein großer Herr und ging nur noch zum Vergnügen auf Mäusejagd.

Ludvik Glazer-Naudé ist in Slowenien, Österreich und Deutschland aufgewachsen. Er studierte an der Universität der Künste in Berlin. Seitdem ist er als Maler, Illustrator und Designer für Theater, Magazine, Werbeagenturen und Kinder- und Jugendbuchverlage tätig. Für seine Werke erhielt er zahlreiche Auszeichnungen im In- und Ausland. Ludvik Glazer-Naudé lebt mit seiner Frau und zwei Kindern in Falkensee bei Berlin. (Weiteres unter www.atelier-glazer.de)

Bibliografische Information der Deutschen Nationalbibliothek

Die Deutsche Nationalbibliothek verzeichnet diese Publikation in der Deutschen Nationalbibliografie; detaillierte bibliografische Daten sind im Internet über http://dnb.d-nb.de abrufbar.

© 2016 arsEdition GmbH, München
Alle Rechte vorbehalten
Textbearbeitung und Herausgeberin: Gerlinde Wiencirz
Bilder: Ludvik Glazer-Naudé
Satz: Janina Michna, München
ISBN 978-3-8458-1322-6

www.arsedition.de

FSC
www.fsc.org

MIX
Papier aus verantwortungsvollen Quellen
FSC® C107574